U0519293

# 角色外人际互动及其对工作绩效的影响机制研究
## ——基于中国组织情境

刘雪梅 / 著

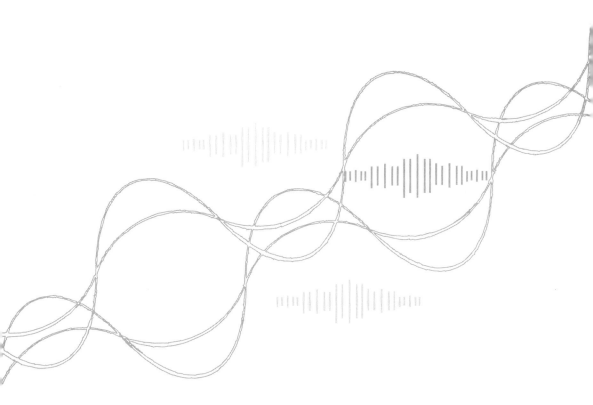

西南财经大学出版社
Southwestern University of Finance & Economics Press

中国·成都

图书在版编目(CIP)数据

角色外人际互动及其对工作绩效的影响机制研究：
基于中国组织情境/刘雪梅著.--成都:西南财经大学出版社,
2025.2. --ISBN 978-7-5504-6593-0

Ⅰ.F249.21

中国国家版本馆CIP数据核字第202568WY56号

角色外人际互动及其对工作绩效的影响机制研究——基于中国组织情境
JUESEWAI RENJI HUDONG JIQI DUI GONGZUO JIXIAO DE YINGXIANG JIZHI YANJIU——JIYU ZHONGGUO ZUZHI QINGJING

刘雪梅　著

策划编辑:李邓超
责任编辑:乔　雷
责任校对:余　尧
封面设计:张姗姗
责任印制:朱曼丽

| 出版发行 | 西南财经大学出版社(四川省成都市光华村街55号) |
| --- | --- |
| 网　　址 | http://cbs.swufe.edu.cn |
| 电子邮件 | bookcj@swufe.edu.cn |
| 邮政编码 | 610074 |
| 电　　话 | 028-87353785 |
| 照　　排 | 四川胜翔数码印务设计有限公司 |
| 印　　刷 | 成都市火炬印务有限公司 |
| 成品尺寸 | 170 mm×240 mm |
| 印　　张 | 12.5 |
| 字　　数 | 211千字 |
| 版　　次 | 2025年2月第1版 |
| 印　　次 | 2025年2月第1次印刷 |
| 书　　号 | ISBN 978-7-5504-6593-0 |
| 定　　价 | 68.00元 |

1. 版权所有,翻印必究。
2. 如有印刷、装订等差错,可向本社营销部调换。

# 前　言

　　数字经济的发展为传统企业转型带来了新的机遇和挑战。许多企业正在通过算法模型和智能化设施设备的革新推进组织规模和管理方式的变化，如精简人员、加强人机协同，尤其是机器辅助等，这使得技术得到了空前的关注，而组织中成员间的互动边界更加模糊，互动对组织绩效的边际影响力正在减弱。

　　事实上，组织变革与转型的核心支撑力量是组织内部成员间动态的、高质量的共识和协同，其前提是组织成员基于工作角色关系而进行的各种人际互动及其维持活动。目前，"为生活而工作，而不是为工作而生活"的理念已经渗透进现代职场，组织成员之间的互动也变得越来越重要和多元，组织成员可能会与组织中的其他个体或群体产生爱好交流、进行情感表达等，比如自发或受邀参与一些兴趣活动、聚会、庆祝仪式，或者提供生活和情绪上的支持和帮助，而这些互动可能发生在工作休息室、电梯间、通勤路上、户外场所等，可能发生在工作间隙或工作之余，但是，这些互动并非都来自某些工作要求，或者有明确的任务导向。真正让人值得关注的是，这些互动在某些方面对工作结果起着潜在的、正向的促进作用。

　　在某些情况下，这种基于工作角色关系而非工作要求或任务导向的人际互动更为频繁，意义更为深刻。因为在"职缘"关系背景下，组织成员可能会通过这种互动，增强彼此的友谊，促进稳定和积极关系的建立，提升其岗位职责的履行质量或促进人际关系。然而，长期以来，无论是管理实践者还是研究者，都更倾向于关注正式制度或规范约束下的互动及其作用，对那些自发产生的、非工作导向的人际互动的重视与正视不够、界定不清晰，而对其促进工作绩效的路径机制的研究更是不足。因此，这种互动的内涵是什么，是否有某些积极的影响，又以何种方式影响着组织成员

1

的行为和绩效，这些都是值得关注和研究的问题。

本书通过梳理与分析角色理论和边界理论，进一步论证并提出核心概念"角色外人际互动"，即"一种基于以往或当前工作角色关系的、非工作规范要求下的人际互动，是组织成员通过调整或超越自身对角色的认知而发起或参与的互动活动"。在此基础上，本书进一步回顾认知情感系统理论、归属需求理论和情感事件理论等，梳理工作绩效、工作激情、社会接纳、积极情绪、政治技能和关系型自我构念等方面的文献，采用文献研究法、质性研究法和实证研究法对角色外人际互动的概念、结构维度、测量工具及其对工作绩效的影响机制进行探索，并尝试回答以下三个问题。第一，"角色外人际互动"的概念和结构维度是什么、如何测量？这是本书要解决的首要问题。第二，角色外人际互动如何影响员工的工作绩效，这种互动是否有某种正向的溢出效应，比如是否能够促进任务导向的角色内绩效和关系导向的人际公民行为？广义的互动虽被证实是构建人际关系的前提，但角色外人际互动是从哪些路径影响个体的认知评估或情感反应，并进而导致员工最终的行为选择和绩效结果？这些尚需要进一步论证。第三，哪些边界条件会增强或替代角色外人际互动对工作绩效的影响？本土文化对组织成员的思维模式、认知及行为偏好有着重要影响，那么是否存在一些考虑文化特质等因素的边界条件能够调节角色外人际互动对工作绩效的影响强度或方向？该问题也有待澄清。基于此，本书围绕以上三个问题，开展了系列研究。

本研究的逻辑关系与具体结构安排如下。

第一章：绪论。本章是对本书为什么开展角色外人际互动进行的现实背景和理论背景介绍，以及开展角色外人际互动及其对工作绩效作用机制的研究意义、研究方法及创新点的简介。

第二章：理论基础与文献综述。本章是对角色外人际互动概念，及其对工作绩效作用机制的理论基础和所涉及文献的简要介绍与梳理。首先，围绕研究主题介绍了角色理论、边界理论、认知情感系统理论、归属需求理论、情感事件理论等理论；其次，对角色外人际互动、工作绩效、工作激情、社会接纳、积极情绪、政治技能和关系型自我构念等变量的研究现状及其与本书的联系进行回顾与述评。

第三章：角色外人际互动的概念结构与量表开发。本章通过线上线下访谈的形式搜集编码研究资料，随后通过质性研究的经典扎根理论方法对角色外人际互动进行编码，围绕角色外人际互动的形式、互动动机和行为特征等进行分析与编码，对角色外人际互动蕴含的意义进行解释，归纳凝练与解释角色外人际互动的概念，以及其所包含的归属型互动、休闲型互动和情感型互动三个结构维度。本章奠定了角色外人际互动的理论基础，进一步，对角色外人际互动量表进行了开发。

第四章：理论模型和研究假设。本章在相关理论基础上，深入分析各个变量之间的内在逻辑，包括以积极情绪为情感路径的中介变量，以社会接纳为认知路径的中介变量，工作激情为后段中介"综合倾向"。本章以"角色外人际互动—积极情绪/社会接纳—工作激情—工作绩效"为逻辑链条构建了多重链式中介路径，同时，将关系型自我构念和政治技能作为调节变量，构建了一个整体研究模型，并分别提出和论证了角色外人际互动对工作绩效作用机制的若干理论假设。

第五章：研究设计与数据分析。本章主要对前述的理论模型进行检验。首先，介绍了研究模型所使用的测量工具，并开展了多来源的三轮追踪数据搜集。其次，在对数据样本进行描述性分析的基础上，依次检验样本的同源方法问题和共线性问题。最后，对模型的主效应、中介效应和整体模型依次进行检验，并逐一报告研究假设的检验结果。

第六章：研究结论与展望。本章首先对角色外人际互动的概念和结构维度的探索、量表开发、角色外人际互动对角色内绩效和人际公民行为的影响等研究结论进行了总结与分析，并对未成立的结论进行了简要分析讨论。此外，本章还阐述了本书的理论贡献、实践启示、研究局限与展望等。

本书的主要创新点和理论贡献包括：第一，厘清了角色外人际互动的概念及其结构，开发了角色外人际互动量表，为后续开展角色外人际互动相关研究奠定了理论基础和测量基础。第二，构建与验证了基于认知情感系统理论的角色外人际互动对工作绩效的认知与情感双路径作用机制，探索与验证了角色外人际互动的积极作用效果。第三，探讨了关系型自我构念和政治技能的差异化调节作用，丰富与拓展了角色外人际互动在本土情境下作用路径的边界问题和机制研究。第四，在整合的基础上拓展了认知情感系统理论，提出并论证了在"情境事件—认知评估/情感反应—行为选择"的基本路径中，还可能存在一种"认知情感单元"交互作用下的行为前"综合倾向"，即"角色外人际互动（情境事件）—社会接纳（认知评估）/积极情绪（情感反应）—和谐型工作激情/强迫型工作激情（综合倾向）—角色内绩效/人际公民行为（行为选择）"，在论证模型的同时验证了该研究框架。

此外，本书还对组织者及其管理者提高对角色外人际互动的正向认识，构建和谐劳动关系，开展角色外人际互动管理，提高组织成员愿意投入时间和精力以促进积极工作结果，厘清基于关系的自我建构和重视关系的人际能力的差异化干预作用，开展相关工作设计等方面提出了管理建议。

本书最后还讨论了研究局限与未来研究方向。

刘雪梅

2025 年 1 月

# 目　录

1

# 1 绪论

数字经济时代，传统企业转型面临新的机遇和挑战，许多企业通过算法模型和智能化设施设备推进组织规模和管理方式的变化，如精简人员、加强人机协同，尤其是利用机器辅助等。这使得技术得到了空前的关注，而组织中成员间的互动边界更加模糊，互动对组织绩效的边际影响力正在递减。

一方面，组织变革与转型的核心支撑是组织内部成员间动态的、高质量的共识和协同，其前提是组织成员基于工作角色关系而进行的各种人际互动及其维持活动。另一方面，"为生活而工作，而不是为工作而生活"的理念已经渗透进现代职场，组织成员之间的互动本身也变得越来越重要和多元，组织成员可能会与组织中的其他个体或群体产生爱好交流、进行情感表达等，比如自发或受邀参与一些兴趣活动、聚会、庆祝仪式，或者提供生活上和情绪上的支持帮助，而这些互动可能发生在单位休息室、电梯间、通勤路上、户外场所等，可能发生在工作间隙或工作之余，但是，这些互动并非都来自某些工作要求，或者有明确的任务导向。然而真正让人值得关注的是，这些互动在某些方面对工作结果起着潜在的、正向的促进作用。

在中国组织情境下，这种基于工作角色关系而非工作要求或任务导向的人际互动更为频繁、意义更为深刻。因为在"职缘"关系背景下，组织成员可能会通过这种互动，增加彼此的人情或义务，建立稳定和积极的关系，提升岗位职责的履行质量，促进人际关系。然而，长期以来，无论是管理实践者还是研究者，都更倾向于关注正式制度或规范约束下的互动及其作用，对那些自发产生的、非工作导向的人际互动的重视与正视不够，界定也不清晰，而对其促进工作绩效的路径机制更是研究不足。因此，这种"互动"在中国组织情境中的内涵是什么，是否有某些积极的影响，又以何种方式影响着组织成员的行为和绩效，成为"开展具有中国实践特色的管理研究"领域值得关注和研究的问题。

本书通过梳理与分析角色理论和边界理论，进一步论证并提出核心概念"角色外人际互动"，即"一种基于以往或当前工作角色关系的，非工作规范要求下的人际互动，这是组织成员通过调整或超越自身对角色的认知而发起或参与的互动活动"。本书在此基础上进一步回顾认知情感系统理论、归属需求理论和情感事件理论等，梳理工作绩效、工作激情、社会接纳、积极情绪、政治技能和关系型自我构念方面的相关文献，采用文献研究、质性研究和实证研究的方法对角色外人际互动的概念、结构维度、测量工具及其对工作绩效的影响机制进行探索，并尝试回答以下三个问题。第一，中国组织情境下"角色外人际互动"概念的内涵和结构维度是什么、如何测量？这是本书要回答的首要问题。第二，角色外人际互动如何影响员工的工作绩效，这种互动是否有某种正向的溢出效应，比如是否能够促进任务导向的角色内绩效和关系导向的人际公民行为？广义的互动虽被证实是构建人际关系的前提，但角色外人际互动是从哪些路径影响个体的认知评估或情感反应，进而引致员工最终的行为选择和绩效结果？这些都需要进一步论证。第三，哪些边界条件会增强或替代角色外人际互动对工作绩效的影响程度？在中国组织情境中，本土文化对组织成员的思维模式、认知及行为偏好有着重要影响，那么是否存在一些考虑文化特质等因素的边界条件能够调节角色外人际互动对工作绩效的影响程度或方向？该问题也有待澄清。基于此，本书围绕以上三个问题开展了系列研究。

## 1.1 研究背景

### 1.1.1 现实背景

信息技术、网络及人工智能的发展加速了企业转型，促使组织形态、管理模式和工作方式进入快速变革阶段，产生了如虚拟研讨、云端决策、文档共建等线上互动方式，也促进了组织创新生态系统的形成。这些新技术提升了工作效率，由此而得以广泛推行。然而，组织转型成功的关键是组织内部成员的集体共识，以及在此基础上建立的高效协同。"人瑞人才"

与"德勤中国"的产业数字人才研究调查结果显示，42.9%的中国企业尚存在技术人员与业务人员协同困难的情况，其核心问题在于组织成员间互动建构的缺失。与此同时，组织也在不断调整管理理念与策略，将价值共创、文化共融等纳入战略层面考虑，不断推进网络化、扁平化的管理方式，以更加凸显对组织成员个性化需求和多样化互动的尊重与认同，尤其是基于工作角色的相关人际互动，这对于促进组织成员的沟通与协同，重新审视组织通过互动影响人际情感、认知和行为的过程，是非常重要和必要的。例如，腾讯在深圳的全球总部大厦里为员工设置了三种不同的工作和生活的互动空间，甚至在大厦100米高空处建造了300米长的室内环形跑道，以促进组织成员之间的非任务性"连结"。在组织中，个体最重要的互动对象是其直接领导和工作团队的伙伴，因为他们基于工作关系而产生了更多的人际理解与额外联系。大多数时候，发生在组织成员间的互动是任务导向的，这些互动以完成任务工作为目标，包括探讨工作中的问题、协商解决方案等。这种任务导向的互动对工作结果的促进不言而喻。除此之外，个体还会与自己当前的同事或领导，以及组织中其他成员或群体（如前领导、跨部门成员等）交流兴趣爱好或表达情感等，包括共同参与一些兴趣活动、聚会、庆祝仪式，或者提供生活上或情绪上的支持和帮助。不同于任务导向的正式互动，这些互动的地点可能发生在工作休息室、电梯间、户外场所或线上社交平台等，互动时间可能发生在工作时或工作之余。与前面的任务导向互动相比，后者构成了组织情境下最一般意义上的非任务导向的人际互动。

在中国组织情境下，基于工作角色关系而非工作要求或任务导向的人际互动非常频繁。因为在"职缘"关系背景下，互动是组织成员建构自己工作网络的前提。通过观察发现，本土组织情境中的人际互动可能受对人不对事的"情礼因素"影响，也可能受对事不对人的"义理因素"规范，实施互动的动机可能利己，也可能利他。而人际互动的结果可能会在一定程度上促进"角色内"的合作与交流，激发组织中的利他行为，甚至还能解决一些采用正式工作程序难以解决的关键问题。正是由于其非工作导向但又基于工作角色的关系，本书将其初步界定为角色外人际互动，并定义为"一种基于以往或当前工作角色关系的，非工作规范要求下的人际互动，是组织成员通过调整或超越自身对角色的认知而发起或参与的互动活动"。

然而，在实践层面，大多数的企业管理者和组织成员都更加重视任务导向的互动，相对忽视甚至在某些时候刻意避免非任务导向的人际互动。这种"基于工作角色关系而非工作要求的人际互动"的内涵为何？这种组织情境下最普遍存在的非任务导向的人际互动能否对组织绩效起到积极作用？它如何影响互动参与者的认知评估和情感反应？人们基于关系的自我认知和人际能力能否对互动结果产生某种促进或削弱的影响？对于以上问题，现有实践层面和学术研究还未能给出明确和清晰的答案，有待深入探索和澄清。

### 1.1.2　理论背景

扎根中国土壤、发现和研究中国问题、开展具有中国实践特色的管理研究，是当前管理学研究面临的重要历史机遇和现实需求。本书是在以"血缘"和"地缘"为基础关系纽带的中国组织情境"熟人社会"人际交往模式的启发下，针对组织中以"职缘"为角色关系基础的组织成员间非工作要求下的人际互动，开展"什么是角色外人际互动，以及其如何影响工作绩效"的研究，提出了研究的核心概念"角色外人际互动"。迄今为止，该概念尚未被其他相关研究正式提出，然而，针对工作角色及角色转换所产生的互动、工作与非工作领域的互动等已经有大量相关研究，甚至有学者早就明确指出，工作和休闲之间存在模糊的界限，"通常而言，谨慎的工作和娱乐活动会在这里（工作场所）同时发生"。因此，角色外人际互动已具备相当的理论基础，但却缺乏充分的关注与系统研究。

笔者梳理文献发现，角色外人际互动的概念显著区别于现有相关概念，如社会互动（social interaction）、非正式社会联结（informal socializing ties）、人际关系网（networking）、非正式互动（informal interaction）和职场友谊（workplace friendship）等。从概念反映的具体内容来看，角色外人际互动又与工间微休息（micro‐break）、共情（empathy）、休闲重塑（leisure crafting）等现象有关联。从现有内涵界定来看，非正式互动和职场友谊与角色外人际互动的关联度较大，但也有明确的差异，比如，有学者尝试在非正式互动的基础上将其内涵拓展为"非正式、非任务相关的工作场所社会互动"，甚至强调其具有一种弱工具性的、"纯粹"的社会互动特点，但仍然未阐述清楚"正式"与"非正式"的逻辑范畴，也未论证清楚其所指"非正式"与"非任务"的关系，从而造成概念界定与测量的偏差。大量研究认为，非正式互动作为一种非程序化的交流，不论是否自发发生，其仍然有较为明确的任务导向成分，即具有"开展相关任务、协调小组活动和传播组织文化等诸多功能"。这与本书所指的角色外人际互动有显著的目的差异，相关研究暂付阙如。正如齐美尔（Simmel）所描述的一种状态，"有时候'谈话本身就是目的'"。基于此，从"角色"视角探索与解释这种互动，围绕这种互动现象的发生场景、参与对象、互动内容与方式、行为动机及结果等进行概念探索与结构维度研究，是进一步解释与分析相关现象的理论起点。

此外，许多以本土文化为背景的研究解释了在中国组织情境下人们为什么愿意互动、乐于互动，因为互动可能会带来超乎预期的"效率"，或者是促进信任和利益等多方面的升华。实际上，具有显著关系文化特征的"角色外人际互动"，不同于西方社会"契约式"的普遍主义社交，也不完全等同于本土社会学研究中的"圈子现象"，它是一种本土传统文化与现代文化的融合产物。因此，不论从交换的视角、网络的视角还是资源的视角出发，都不足以解释其意蕴丰富的作用方式。正如张（Zhang）和吉尔（Gill）的观点，相比上下级关系（supervisor-subordinate guanxi，SSG），被领导关系（leader-follower guanxi，LFG）更能解释中国管理层中存在的独特文化。因为在中国组织情境中，"领导"通常是指在同一组织中级别高于下属的人，并非只是位于命令线上的二元成对的直属上下级关系。因此，本书从理论层面揭示角色外人际互动对工作绩效的这层"纱衣"作用，将有利于促进对角色外人际互动及其作用的正向认知。

关于如何讲好本土情境的管理故事，现有文献研究，仍然呈现出对宏观的、显性的情境如制度等关注较多，而对文化的、隐性的影响和渗透研究不够深入的现象。另外，现有研究成果对于与本土文化背景相关的个体自我建构、人际能力等情境因素的深度探讨稍显不足，尚缺乏对本土关系文化影响组织情境中个体行动差异的实证探讨与理论认知。为此，中国管理研究者们多次呼吁应重视在体现本土管理理论的民族性和继承性、彰显中国特色管理理论与西方管理理论不尽相同的动态性与复杂性的基础上开展研究。

总体来说，本书在以"血缘"和"地缘"为基础关系纽带的"熟人社会"的人际交往模式的启发下，针对中国组织情境中以"职缘"为角色关系基础的组织成员间非工作要求下的人际互动开展研究，提出"角色外人际互动"这个具有本土特色的概念，并深入研究其概念内涵、结构维度及其对工作绩效的影响机制，对于开展具有实践呼应能力的管理研究，推动进一步理解与解读中国关系导向文化对组织管理的影响机制，具有重要的意义。本书将围绕角色外人际互动这一主题，对其概念内涵进行辨析与提炼，探索其结构维度及测量工具，通过构建"认知—情感"双路径的理论模型，并同时考察个体基于关系的自我建构和人际能力的差异化调节作用，探讨与证实角色外人际互动对工作绩效的多路径的积极面影响机制。显然，在中国组织情境下探究角色外人际互动及其对工作结果的影响，是对现代管理理论的拓展，也是对本土管理实践需要的呼应。

## 1.2　研究意义

本书响应学者关于开展具有实践呼应能力的管理研究、推动进一步理解与解读中国文化对组织管理的影响机制等的呼吁，在梳理现有文献的基础上，对角色外人际互动及其对工作绩效的影响机制开展了相关质性研究和实证研究。本书在学术方面初步形成角色外人际互动的相关成果，可以为企业提供管理实践方面的建议和参考。

### 1.2.1　理论意义

（1）提出并厘清角色外人际互动的概念内涵与结构维度，开发角色外人际互动量表，为研究与揭示角色外人际互动作用机制奠定理论和测量基础。

本书从角色外人际互动的发生场景、参与对象、互动内容与方式、行为动机及结果等方面对角色外人际互动的概念进行了梳理，不同于以往研究倾向于从互动频率来衡量互动强度或互动质量的方式，本书认为角色外人际互动是一种"基于以往或当前工作角色关系的，非工作规范要求下的人际互动，是组织成员通过调整或超越自身对角色的认知而发起或参与的互动活动"。本书基于经典扎根理论，形成了分别以"关系和角色认同"

"活动和体验""情绪情感建立和心流"为特征的归属型互动、休闲型互动和情感型互动三个维度。在此基础上，本书基于访谈资料和高频编码节段，形成了角色外人际互动的测量初始题项，通过检验与修订，编制了由3个维度、12个测量条目组成的角色外人际互动正式量表，为后续开展中国组织情境下角色外人际互动对工作绩效的作用机制研究，奠定了核心变量的测量基础。

（2）从认知和情感双路径探讨角色外人际互动对工作绩效的链式中介作用，证实角色外人际互动的多重作用机制，并在整合的基础上丰富了认知情感系统理论，拓展了认知情感系统理论的研究路径。

本书同时探讨角色外人际互动基于认知和情感两条路径的作用机制。具体而言，本书将社会接纳作为认知路径的核心解释变量，将积极情绪作为情感路径的核心解释变量，在认知情感系统理论的框架下，探索角色外人际互动对工作绩效的多重作用路径。这两条解释路径的构建与验证，进一步论证了在中国组织情境下的2个观点：①角色外人际互动与"互补"和"相似"两大人际互动观点的作用路径和原则不同；②本土文化背景下的人际互动更强调人际关系的长期性、稳定性与和谐性。此外，本书分别探讨与证实了和谐型工作激情与强迫型工作激情的差异化综合倾向的作用，丰富了工作激情与工作绩效的相关研究结论。

根据认知情感系统理论的观点，个体的认知和情感共同作用于个体对环境事件的反应，但其作用框架主要是"环境事件—认知评价/情感反应—行为选择"。认知情感系统理论虽然提出了行为选择可能是基于事件特征所激发的不同的情感或认知的促进，但并未揭示从认知和情感到行为选择的过程路径。本书构建了角色外人际互动的双路径影响机制，提出并验证在该理论路径中还存在一种"综合倾向"，其在认知评估/情感反应之后影响个体的行为选择。本书将包含动机、情感和认知三种因素的综合构念——"工作激情"，作为这种综合倾向加以构建与验证。同时，本书基于归属需求理论和情感事件理论，从整合理论的视角拓展并验证认知情感系统理论的研究路径。

（3）探索角色外人际互动作用路径的差异化边界机制，推动关系型自我构念和政治技能对角色外人际互动后续行动的研究进展。

本书从自我建构和人际能力两方面进一步关注角色外人际互动对后续

积极行动的不同干预作用。首先，探索与证实关系型自我构念的替代调节
和政治技能的强化调节作用。研究发现与证实，关系型自我构念能够丰富
与拓展角色外人际互动作用路径的边界问题和机制研究。其次，丰富关系
型自我构念的作用机制与效果研究。研究发现与证实，作为一种高度关注
亲密关系的自我范式或特质，高关系型自我构念的个体对角色外人际互动
与其所感受到的社会接纳的关系有替代调节的作用。另外，本书还论证了
认知情感系统理论关于"个体特质能够与情境特征产生交互影响并驱动个
体在认知、情感和行为表现上产生差异"的观点。最后，丰富政治技能的
作用机制与效果研究。研究还发现与证实，作为一种体现个人人际能力与
人际风格的特征，政治技能的个体对角色外人际互动和其所感受到的积极
情绪的关系呈现出一种强化调节作用。

### 1.2.2　实践意义

（1）提高管理者对角色外人际互动的正向认识，为构建和谐劳动关系
提供新参考。

角色外人际互动在中国组织情境中广泛存在，由于其本身非任务导向
的属性或其他原因而被忽视或刻意避免。然而，角色外人际互动虽然不是
一种明确的以"利组织"为目的的行为，却能够通过让个体感受到被接纳
或者某些积极情绪的扩散，进而促进对组织期望的工作结果，如角色内绩
效、人际公民行为等，从而产生超出预期的正向促进作用。在"职缘"关
系下，组织成员通过非工作规范要求下的人际互动导致的人情或义务的增
加可能会逐步升级为稳定、积极且长期的关系，而这些关系可能会有利于
个体更高质量地完成本职工作，或者促进组织成员间的相互帮助与和谐组
织氛围的营造。这些积极的结果是组织期望的，甚至可能是正式制度或规
范所难以达到的，对组织管理与良好组织氛围建设起着"补位"作用。因
此，本书为管理者提供了认识角色外人际互动的新视角，并认为角色外人
际互动不仅客观存在，还能潜在促进组织内的和谐关系和氛围。

（2）为如何开展角色外人际互动管理，从而提高组织成员愿意投入时
间和精力以促进积极工作结果提供了新思路。

工作中，个体可能受其他因素的影响而难免产生各种压力或冲突，包
括人际关系的冲突、角色压力的冲突等，而工作本身并不具备缓解这些问

题的功能。管理者因此需要实施各种干预方式，这对管理者的个人领导力及顶层制度设计是一个巨大挑战。因为，若采取了不当的干预或管理方式，甚至可能导致组织成员产生偏差行为或退缩行为。角色外人际互动是在组织成员或组织群体之间发生的，其互动结果必然会增进彼此的认识和了解，这种了解包括个人的、个人所处群体或环境的、个人所负责工作的等，并最终带来多种积极的工作结果，如在别人的建议下更好地完成了本职工作，或者在一起通勤或闲聊过程中顺便解决了某些工作中的困惑等，这些互动既可能让个体感受被某种工作群体接纳，还可能触发相关积极的情绪情感，进而促进个体产生更高的群体黏性和认同，并将这些认知与情感内化为其积极工作的动力。

（3）厘清基于关系的自我建构和重视关系的人际能力的差异化干预作用，为管理者开展相关工作提供新启发。

中国人对与他人关系的认识在某些时候影响着自我的认知，因为个体嵌套于不同的网络中，并通过定义自己与这些网络中关键对象的关系而不断调试自我认识与行为模式，而这样的自我认知方式也迁移到了组织情境中。反过来看，职场作为一种重要的社会文化缩影，个体的组织社交适应能力差异又对其参与角色外人际互动带来不同的行动感受，并可能进一步影响个体对本职工作完成、对同事的帮助等后续行为。因此，本书认为，基于关系的自我建构和重视关系的人际能力虽然是个体层面的差异，但却对角色外人际互动的个体体验与感受，及其行动和结果产生某种调节作用，这需要管理者正视和重视。为此，组织应该充分肯定与合理利用和谐关系建立的本土文化特征，在任务分配、绩效考核等管理中，建立重视合作、支持个人与团队共同实现卓越绩效的价值体系和工作方式，在体现个人贡献的同时更加强调团队与组织贡献，促进事业留人、情感留人。

## 1.3　研究内容与研究方法

### 1.3.1　研究内容

通过对管理实践的观察和文献梳理发现，中国组织情境下的角色外人际互动尚未得到正式识别和重视，而其可能又会通过不同的路径或方式对组织及个体产生积极结果。然而，现有研究对角色外人际互动的现象及存在关注不足，对其内涵及结构维度缺乏探讨。为此，本书围绕以下三个问题开展系列研究：①角色外人际互动的概念内涵和结构维度是什么、如何测量？②角色外人际互动如何影响工作绩效？③存在哪些边界条件会增强或替代角色外人际互动对工作绩效的作用？

（1）角色外人际互动的概念探索及量表开发。

在已有相关角色外行为及人际互动研究及文献梳理的基础上，本书首先采用扎根理论，对中国组织情境下个体关于角色外人际互动的相关内容进行访谈，获取他们对角色外人际互动的发生、体验、态度、互动形式及互动动机等彼此相关联、层次递进的问题反馈，采用质性研究中的经典扎根理论程序，对研究资料中自然涌现的信息进行编码，归纳与凝练出角色外人际互动的关键成分；其次，利用研究材料涌现出角色外人际互动的内涵释义与结构，为进一步研究角色外人际互动对工作绩效的影响机制提供相关理论支持和模型构建依据；最后，结合编码形成的维度内涵，用整合扩写方式形成角色外人际互动量表，通过两轮数据收集分别进行探索性分析和验证性分析，在不断修订的基础上形成正式量表。

（2）角色外人际互动对工作绩效的双路径整合作用机制研究。

本部分构建了基于认知和情感双路径的角色外人际互动对工作绩效的链式作用路径，并分别开展 2 个并行路径的子研究。

子研究 1：基于认知路径的作用机制研究，探究社会接纳与工作激情在角色外人际互动和工作绩效之间的链式中介作用。研究在整体层面上以认知情感系统理论为研究框架，在认知路径上整合归属需求理论的观点，引入社会接纳作为情感路径的中介变量之一，以和谐型工作激情与强迫型工作激情作为后段中介，构建和验证"角色外人际互动—社会接纳—工作激情—工作绩效"的作用路径。首先，通过收集 3 个时点的数据并进行匹配（每次间隔约 1 个月），形成研究数据集；其次，对数据进行信效度分析、共同方法偏差和多重共线性检验，在此基础上采用结构方程模型、线性回归模型和 Bootstrap 法等验证对应的研究假设；最后，探讨和证实和谐型工作激情与强迫型工作激情的综合倾向作用，为解释角色外人际互动对工作绩效影响的认知层面中介作用提供支持。

子研究 2：基于情感路径的作用机制研究，探究积极情绪与工作激情在角色外人际互动和工作绩效之间的链式中介作用。研究在整体层面上以认知情感系统理论为研究框架，在情感路径上整合情感事件理论的观点，引入积极情绪并将其作为情感路径的中介变量之一，以和谐型工作激情与强迫型工作激情作为后段中介，构建和验证"角色外人际互动—积极情绪—工作激情—工作绩效"的作用路径。首先，通过收集 3 个时点的数据并进行匹配（每次间隔约 1 个月），形成研究数据集；其次，对数据进行信效度分析、共同方法偏差和多重共线性检验，在此基础上采用结构方程模型、线性回归模型和 Bootstrap 法等验证对应的研究假设；最后，探讨和证实和谐型工作激情与强迫型工作激情的综合倾向作用，为解释角色外人际互动对工作绩效影响的情感层面中介作用提供支持。

（3）探究在中国组织情境下角色外人际互动的边界条件及其作用检验。

为进一步阐明中国组织情境下角色外人际互动的作用效果，本书还主要从基于关系的自我认知和人际能力两方面分别进行了边界条件探索与影响效果验证，对关系型自我构念与政治技能的有调节的中介作用进行了检验。本书对模型中相关变量作标准化处理与交互项构造，将调节关系纳入整体模型中加以估计，使用 Mplus 软件进行路径系数、有调节的中介效应及其对应的显著性检验，并开展简单斜率分析，探索实证关系型自我构念与政治技能的差异化调节作用。

### 1.3.2 研究方法

本书在文献研究的基础上综合运用质性研究方法和实证研究方法。首先，通过文献梳理，围绕角色外人际互动的概念内涵、关联构念，以及相关作用机制等进行回顾，为后续开展研究设计和进行模型构建作理论分析。其次，在辨析的基础上确定质性研究的编码方法，采用经典扎根理论的编码程序，围绕角色外人际互动开展了三阶段编码，通过对研究资料的编码与归纳形成其结构维度。最后，运用实证研究方法进行量表开发与验证、研究模型与理论假设的检验。

文献研究法贯穿本书全过程，角色外人际互动概念的提出，角色外人际互动的内涵及结构的探索，角色外人际互动对工作绩效的影响机制的模型构建等方面都采用了文献研究法。本书持续收集和追踪与角色外人际互动相关的国内外研究成果，重点对角色外行为、人际互动、工作绩效等进行持续关注；在进行概念解读时，对角色理论和边界理论进行反复回顾；在构建研究模型时，对认知情感系统理论及其相关应用研究进行分析，为提出"角色外人际互动（环境事件）—积极情绪（情感反应）/社会接纳（认知评估）—和谐型工作激情/强迫型工作激情（综合倾向）—角色内绩效/人际公民行为（行为选择）"的研究框架奠定基础。

质性研究中的经典扎根理论是本书在探索角色外人际互动概念内涵与结构维度时使用的方法。本书将"在中国组织情境下，哪些被个体认为是角色外人际互动"，以及"在本土组织的实际场景下，人们为什么会采取这样的互动形式及其可能带来的结果"作为访谈部分的核心问题，采用经典扎根理论方法，对原始资料进行开放性编码、选择性编码和理论性编码，以构建角色外人际互动的内涵及其结构维度。在此基础上，质性研究为进一步开发和编制角色外人际互动测量量表提供了题项设置的重要依据和参考。

在量表开发和模型验证方面，本书综合使用了多种实证研究方法，并运用 SPSS、Amos、Mplus 等统计分析软件进行数据分析。具体而言，在量表开发时，使用信度和效度分析、验证性和探索性因子分析等开展两轮检验，据此形成角色外人际互动正式量表；在模型验证阶段，除对测量工具开展信度和效度检验外，还针对研究数据收集情况开展了共同方法偏差和多重共线性检验，以确保模型路径拟合与检验的基本要求。在解释角色外人际互动对工作绩效的影响机制时，本书构建了显变量的整体模型路径分析，依次检验了主效应、链式中介效应和有调节的链式中介效应。

### 1.3.3　技术路线

本书的技术路线见图 1–1。

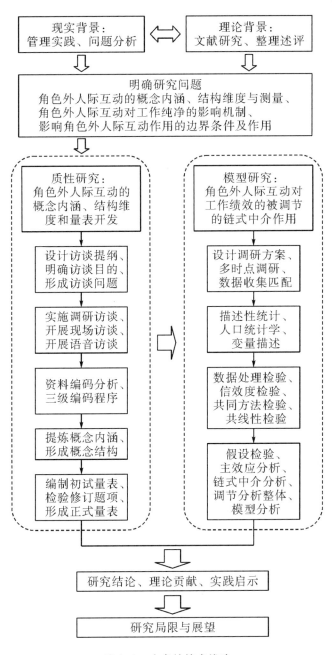

现实背景：
管理实践、问题分析

理论背景：
文献研究、整理述评

明确研究问题
角色外人际互动的概念内涵、结构维度与测量、
角色外人际互动对工作纯净的影响机制、
影响角色外人际互动作用的边界条件及作用

质性研究：
角色外人际互动的
概念内涵、结构维
度和量表开发

设计访谈提纲、
明确访谈目的、
形成访谈问题

实施调研访谈、
开展现场访谈、
开展语音访谈

资料编码分析、
三级编码程序

提炼概念内涵、
形成概念结构

编制初试量表、
检验修订题项、
形成正式量表

模型研究：
角色外人际互动对
工作绩效的被调节
的链式中介作用

设计调研方案、
多时点调研、
数据收集匹配

描述性统计、
人口统计学、
变量描述

数据处理检验、
信效度检验、
共同方法检验、
共线性检验

假设检验、
主效应分析、
链式中介分析、
调节分析整体、
模型分析

研究结论、理论贡献、实践启示

研究局限与展望

图 1-1 本书的技术线路

## 1.4 主要创新点

（1）提出和厘清中国组织情境下角色外人际互动的构念与结构，开发角色外人际互动量表，为开展角色外人际互动研究奠定理论基础和测量基础。本书挖掘在中国组织情境中，个体对于其发起或参与的、在工作要求与工作角色之外的互动形式、互动动机特征，从识别角色外人际互动的类型特征切入，以此为基础形成了角色外人际互动所包含的归属型互动、休闲型互动和情感型互动 3 个结构维度。在此基础上，本章编制了由 3 个维度 12 个测量条目构成的角色外人际互动量表，填补了基于工作角色关系而非工作要求或任务导向的人际互动研究的缺口，也为角色外人际互动的后续研究提供了测量基础。

（2）构建与验证角色外人际互动对工作绩效的双路径作用机制，为解释角色外人际互动的利组织属性提供理论依据。本书探索与验证角色外人际互动对个体角色内绩效和人际公民行为的正向促进作用。在此基础上，本书从理论整合视角拓展认知情感系统理论的研究框架，引入积极情绪和社会接纳，分别作为情感路径和认知路径的核心解释变量，探讨了和谐型工作激情与强迫型工作激情的综合倾向中介作用，明确了在认知情感系统理论下角色外人际互动的作用路径及其效果，能够为角色外人际互动的多重作用提供更多解释视角。

（3）探索关系型自我构念的替代调节和政治技能的强化调节作用，为探究何种场景下角色外人际互动的作用会被"放大"或"缩小"提供参考。本书丰富了关系型自我构念和政治技能的作用机制与效果研究，证实了关系型自我构念对角色外人际互动认知路径的替代调节作用、政治技能对角色外人际互动情感路径的强化调节作用，即高关系型自我构念的个体在角色外人际互动后的接纳感知不够敏感，因为角色外人际互动可能不足以响应和满足其关于关系建立、归属等方面的需求；高政治技能个体能够促进角色外人际互动带来的更高的积极情绪。这丰富与拓展了角色外人际互动作用路径的边界问题和机制研究，为从关系视角解释角色外人际互动的差异化作用提供了新观点。

（4）在整合的基础上丰富了认知情感系统理论，拓展了研究路径，为进一步探讨认知情感系统理论的应用领域提供了一种尝试。本书探索性提出，在认知情感系统理论框架中，还可能存在一种兼具认知和情感特点的综合倾向，这种综合倾向可能作为影响其后续行为选择的关键，并以"环境事件—认知评估/情感反映—综合倾向—行为选择"的方式形成新的影响路径。本书通过构建情感和认知两条链式中介，将"工作激情"作为这种兼具认知和情感属性的综合倾向，验证了整体模型中有调节的中介作用，即关系型自我构念在认知路径中的替代调节作用，以及政治技能在情感路径中的强化调节作用，为拓展不同路径的作用效果与作用方向提供了新的思路。

# 2　理论基础与文献综述

## 2.1　理论基础

### 2.1.1　角色理论与边界理论

角色理论能够为"角色"的界定及其行为期待提供认识论依据，而边界理论能够从"角色边界管理"的视角阐释角色行为的转换过程，两者为本书提出的核心概念"角色外人际互动"的内涵辨析及其行为发生奠定了理论基础，故本章首先对角色理论和边界理论的基本观点和研究内容进行文献回顾。

（1）角色理论的基本观点及其研究内容。

角色理论（role theory）认为，人类的行为方式是不同的，也是可以预测的，这取决于他们各自的社会身份和环境。角色理论的基本观点可以用三个核心概念来阐释：模式化的、具有特征的社会行为，即"角色"；社会参与者假定的身份，即"社会地位"；被人理解并被角色表现者遵循的行为脚本，即"期望"。角色理论为角色外人际互动中关于工作角色关系的界定提供了认识论依据。

角色理论的研究侧重点主要集中于解释个体在不同情境位置上的典型行为，以及这些行为产生的过程逻辑等。根据角色理论的观点，基于角色的行为具有相对稳定性，比如，大部分女性在扮演母亲这个角色时，行为方式是温柔而坚定的；而角色又通常不是独立存在，是与个体所处的位置紧密联系的，如作为领导者，必然应对其决策负责任。另外，人们对所处的角色是抱有一定预设的期待，如人们会对上班时的角色与下班时的角色持有差别期待，由此产生如"斜杠青年"等现象。角色还存在于大型的社会系统中，而个体必须通过一定的社会化过程来适应和习得角色，并不断调整、熟练各种角色及角色间的切换。就以往的研究来看，角色理论通常关注"单一角色占据"问题，即个体在扮演某个特定角色时的行为特征与期待。但是，随着角色理论的发展，研究者们也尝试对角色概念的内容进行延伸，比如探讨角色灵活性与角色渗透性、多重角色的冲突等问题。

角色理论在发展过程中，其流派逐渐丰富。其中，组织角色理论主要关注组织内部的角色、角色之间的相互作用及其对实现组织目标的影响。根据组织角色理论的观点与核心假设，个体在组织中所扮演的角色主要是一种岗位角色，即人们完成岗位任务时所对应承担的角色。这种认识清晰地指出了组织中对个体角色的界定与工作职责的联系，这也是后续发展角色外行为和角色外互动的重要理论基础。此外，组织角色理论还认为，组织中的个体与组织持有共同的价值观和规范认知，因为彼此对角色的认识和期待是一致的，所以个体在扮演组织中的岗位角色时能够达成组织期望的结果。

（2）边界理论的基本观点及其研究内容。

不同于角色理论注重于对角色概念及其对应的行为规范的关注，边界理论虽被认为是以角色理论为基础，但它的研究侧重点更倾向于一种动态的微观角色的转换过程。显然，处于社会活动中的个体不可避免地同时承担多种角色，并且在一天之中可能需要进行数次"切换"。阿什福恩（Ashforth）等指出，有些人喜欢把自己的角色划分得很细，在承担某个角色时不考虑另外的角色，对自己的每个角色都有严格的时间和地点界定，比如将周一至周五的早上 9 点至下午 5 点时身处工作场所设定为工作角色，同时将晚上和周末在办公室外设定为非工作角色。而另一些人则喜欢把多种角色都融合在一起，多个角色可以在同一地点和时间内出现。基于此，边界理论认为个体的边界管理偏好可以被划分为分割型和整合型，并指出大部分人都处于这两种类型连续体的某个位置上。

边界理论主要研究个体如何对角色进行跨越或转换，主要解释个体的多重角色管理问题，涉及边界灵活性和边界渗透性等。根据溢出理论，在某个角色领域产生的情绪、压力或思想往往会流向其他角色领域。对于个体来说，重要的不仅是角色的多重性，人们还需要同时面对和处理的是，当退出某些角色后，会有什么样的行动选择？为什么在未承担某些角色的当下会有这样的行为？如何驾驭好这样的角色转换？这些都为角色外人际互动中的角色转换、角色边界管理及其对后续行为的影响提供了理论基础。

（3）角色理论与边界理论小结。

综上所述，可以得出以下两点结论。第一，角色理论和边界理论能够对中国组织情境下个体的角色行为界定及其角色边界转换提供理论阐释，其理论框架所指角色既有二元或多元的角色关系概念，如上下级角色、同级同事角色、家庭成员角色等，又有去人格化的角色概念，如组织角色理论中人们完成岗位任务时所对应承担的角色等。这些都为本书提出的角色外人际互动中关于角色的界定奠定了重要的理论基础。第二，根据角色理论和边界理论，角色及其边界都具有灵活性和渗透性，并且角色边界的偏好因人而异，这为辨析和界定"角色外"的范畴带来了一定的困难。具体而言，如果"角色内"的范畴扩大，作为补集的"角色外"范畴必然对应缩小，且对不同个体而言还存在着对角色范畴的主观认知差异。因此，在动态变革的组织情境下，要界定角色外人际互动并探讨其积极面的溢出效应，首先要进一步明确和厘清其概念内涵。

### 2.1.2 认知情感系统理论

（1）认知情感系统理论的基本观点。

认知情感系统理论是在"认知社会学习模型"的基础上由米歇尔（Mischel）和珊达（Shoda）于1995年提出，也被称为"认知—情感人格系统理论"（cognitive-affective personality system theory，CAPS）。认知情感系统理论重点研究个体社会行为差异背后的复杂心理中介过程。认知情感系统理论综合了社会认知和特质论的观点，认为个体特质能够与情境特征产生交互影响并驱动个体在认知、情感和行为表现上产生差异。认知情感系统理论指出，在特定情境下，个体人格系统中复杂的认知—情感单元（包括编码、期望和信念、情感、目标和价值、能力和自我调节的计划）将被激活并发生交互作用，从而引起后续差别化的外显行为。比如，一个人可以很容易地访问"作为母亲的自我"的个性表征，但对于另一个人来说，这种自我编码有可能难以访问；同样，一些人更容易将模棱两可的人际关系情境编码为个人冒犯和侵犯，这将导致不同的认知—情感单元激活及差异化的后续行动。

根据认知情感系统理论，每一个体都具有独特的认知原型，犹如"理性认知的冷加工系统"，当个体遭遇人和事物时会进行认知分类，并通常把各自差异化的认知原型当作衡量人和事物的规范，从而造成对相同信息的不同加工与解读，最终产生不同的行为。与此同时，个体在处理信息时，还不可避免地会产生情绪或情感反应，通过"情感冲动的热加工系统"触发与之密切相关的认知和行为。认知情感系统理论的基本框架见图2-1。

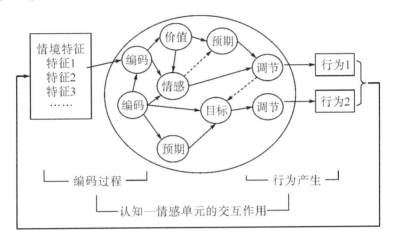

图 2-1　认知情感系统理论的基本框架

（2）认知情感系统理论的相关研究。

在组织研究领域，认知情感系统理论的相关研究主要聚焦于两个方面：第一，人格特质的差异化对工作结果的影响；第二，个体行为结果的认知—情感作用机制。

蒂尔曼（Thielmann）等对 770 项研究进行了元分析，报告了在相互依赖的情况下，8 种广义人格特质和 43 种狭义人格特质对亲社会行为的 3 523 种影响，并借助认知情感系统模型对情境强度、人格特质和亲社会行为表现做出解释。贾奇（Judge）和萨帕特（Zapata）开发和测试了一个包含情境强度和特质激活的互动模型，探讨了大五人格对工作绩效的影响程度，并证实了情境对人格预测工作表现的程度既有一般影响，也有特定影响。

米歇尔（Mischel）等在阐述认知情感系统理论时明确指出，个体对工作绩效的信息加工过程会受到其情感和情绪的影响，进而触发相关认知和行为。近年来的几项国内研究也使用认知情感理论解释了中国组织情境下的一些管理现象。比如，李朋波研究了组织认同和情绪耗竭分别作为认知和情感机制，对职场负面八卦和工作幸福感的多重中介作用；孟奕爽等在解释发展性反馈如何促进员工建言时，也构建并验证了一个以心理安全感和情感承诺为双中介，且受到调节的模型；胡恩华和张文林探讨了人力资源管理实践和工会实践耦合，通过角色宽度自我效能感的认知路径与类亲情交换的情感路径，作用于工作重塑的跨层模型，揭示了"理性认知"和"情感冲动"的双重驱动机制；于维娜等围绕"职场不文明行为何时以及如何诱发同伴揭发"的问题，分别探索验证了职场不文明行为诱发同伴揭发的情感路径和认知路径，并且将主动性人格作为重要的特质变量，检验其调节作用；杨肖等指出，战略人力资源管理对企业员工的个人能力开发、心理状态改变都有着巨大影响。

综上所述，可以得出以下两点结论。第一，认知情感系统理论解释了即便在相同事件或条件下，情境事件触发个体的认知、情感仍存在差异，进而表现出不同的行为结果，这为本书探讨角色外人际互动对工作绩效的多重影响机制提供了重要的理论支持。作为一种基于工作角色关系而非工作任务要求的人际互动，其可能产生的积极面溢出效应可能是多路径的，互动可能会引致其认知和情感的双重反应，进而产生多维度的外显行为。第二，认知情感系统理论强调，情境特征及个性对编码、期望、目标等认知情感单元会对行为产生影响，这为本书基于中国组织情境展开研究提供了关键解释依据。在中国组织情境下，个体的思维方式和行为受到本土文化影响，一方面可能对在关系社会卜如何定义自我有相对明显的表征体现，另一方面还可能通过构建和谐职场关系、重视政治技能等方式，对工作绩效表现产生影响。

### 2.1.3 归属需求理论与情感事件理论

（1）归属需求理论。

归属需求理论（need-to-belong theroy）由鲍迈斯特（Baumeister）和利里（Leary）于1995年提出，该理论围绕社会活动中人类基本动机"归属需求"（the need to belong）对个体及群体的认知过程、行为及其影响机制进行描述、预测和解释，是较为成熟的、经典的动机理论。该理论以"归属需求"为核心，认为归属需求是对建立和维持最小量的、稳定的、持续的人际关系的需要，而个体的归属需求动机又能够对诸多方面产生重要影响，如个体的情绪、认知和行为等。

归属需求理论认为，个体对被人接纳有着基本的需求，这种需求表现为和他人积极地、稳定地交往的渴望，这种感到被人喜欢的感受能够促使个体构建对自己或他人的某些信念。对个体归属需求的满足，主要是通过与人进行亲和性互动来完成，个体在对社会接纳有强烈需要的同时，还对社会排斥有强烈厌恶。

对于归属需求的研究，通常是积极向的，比如对组织归属感、高管归属感等的研究。因为归属需求不仅能够促进诸多个体层面的积极结果，如团队合作、学习行为、生活满意度和工作满意度等，还能促进组织期望的结果，如工作绩效、创新、低离职率。对身处组织中的个体来说，由于其扮演着组织中某个岗位角色，而相应产生对组织中的归属需求。

（2）情感事件理论。

情感事件理论（affective events theory，AET）是韦斯（Weiss）和克罗潘扎诺（Cropanzano）于1996年提出的探讨情感反应的结果并分析其产生机制的理论。在组织研究中，情感事件理论主要用于解释在工作场所中，组织成员对其所经历的事件产生的情感反应及后续态度或行为的关系。

情感事件理论指出，个体的情感反应既有弥散而持久的心境状态，如忧伤、放松等，又有明确且较短的情绪状态，如愤怒、欢喜等。情感事件理论为解释个体态度或行为为何会受到情绪或心境的影响提供了理论框架，由此而让人识别出工作态度或行为的两重性，即受情感影响驱动的行为（affective-driven behaviors）和受评价影响驱动的行为（judgment-driven behaviors）。

大量研究探讨组织成员态度、行为和工作绩效是如何受到情绪和情感的影响，并从情感的不同作用机制来尝试解释组织成员或群体的不同行为。从文献数量上看，研究较多关注由负面情感反应引致的消极结果，研究正向情感反应影响的积极作用相对较少。例如，研究发现，绩效评估引发了员工忧虑和担心，进而激发其消极情感反应，消耗其认知资源，从而负向影响任务绩效等；顾客的不公平交往行为引致了员工基于工作压力的情感反应，进一步影响了员工绩效表现；还有中层管理者角色超载后，会通过消极情绪致使变革抵制的发生等。在探讨积极情绪的影响方面，现有研究主要证实了其对工作满意度、员工创造力、工作绩效、员工主动化职业行为等的积极影响。还有研究探讨了情绪的传染机制，证实了个体的情绪及其反应会对与他们相关联、有互动的人的行为产生影响。

通过梳理，可以得出以下两点结论。第一，归属需求理论阐释了人们的归属需求是对建立和维持人际关系的基本需要，并主要通过感知到被他人接纳来构建信念和满足需求，这为本书拟从认知视角解释角色外人际互动为何能影响组织成员的认知和行为，搭建了以接纳为重要表征的联结路径和理论基础。第二，情感事件理论重点解释了受情绪情感驱动的工作行为的作用机制，并以"事件—情感—态度/行为"为逻辑链条，这为本书从情感视角解释角色外人际互动如何通过积极情绪影响组织成员的态度和行为提供了理论参考。

## 2.2　角色外人际互动

现代科技的发展促进了多元文化的冲突与融合，但中国本土社会与组织文化仍然是以传统儒家文化为基础，而且在多数工作场域体现了"差序格局"所解释的独特的"风土人情"。在中国，人际互动是多种"差序结构"和"行动逻辑"的组合；人际互动的目的和方式，往往是以"和气"代替"效率"，以"化解"代替"解决"。从人际互动的逻辑来看，本土行动者对不同关系圈层范围内的他人采用多样化的互动实践，体现了一种兼具"人情社会"和"契约社会"的特殊主义特点。预期将要产生长期交往或交集的双方，倾向于采取避免冲突、保持面子、控制情绪的态度和方式，以营造一种和谐的关系氛围。在熟人关系中，多将工具性行为与情感性行为不断进行动态平衡，建立并拓展"人脉"（自我中心的信任网络），以促进信任、利益等方面的升华。同时，中国参与互动的双方对"情义"的重视、理解、感知和表达也与西方有显著差别，尤其是在对他人"情义"的敏感性感知和自身"情义"的含蓄性表达方面。

研究发现，包括中国在内的许多亚洲国家，人们乐于构建多种多样频繁的、非正式的社会人际关系。在本土文化影响的工作场域中，新员工通过观察、模仿、摸索与同事或上级的人际互动模式，逐渐习得适应于目前组织情境的情绪表现规范，以塑造特定的人际互动模式；在本土文化影响的创业场域中，企业家通过不断平衡耦合与脱偶，调整可紧可疏、可伸可缩的关系结构，在"伦"的规范下形成特殊的"关系"和"圈子"，以形成工作和非工作关系的融合。

在实践中，个体最重要的互动对象是其直线领导及工作团队伙伴，他们因彼此基于工作关系而产生了更多的人际理解与额外联系。而这些互动内容大多是以完成工作任务为目标，如探讨工作中的问题、协商解决方案等。此外，组织成员还可能会与其他成员或群体在工作之余进行爱好交流、情感表达，如共同参与一些兴趣活动、聚会、庆祝仪式，或者提供生活上或情感上的支持帮助等，这些互动可能发生在工作休息室、电梯间、通勤路上、户外场所，可能发生在工作时或工作之余，并构成了组织情境下最一般意义上的人际互动形式，这种互动形式及其结构尚未得到正式关注。基于以上理论与实践基础，本书提出并研究这种在中国组织情境下的非角色任务要求的人际互动——"角色外人际互动"，并尝试探讨与解释其对积极结果的促进和影响机制。

### 2.2.1 角色外人际互动的相关研究

（1）组织中的角色概念及其相关研究。

"角色"往往被定义为与某种期望相关的概念。在组织中，墨菲（Murphy）和杰克逊（Jackson）把工作角色（work role）定义为"与员工的雇佣有关的整套绩效责任"。在更大层面上，阿什福思（Ashforth）把角色描述为一个社会结构中的一个位置，并从更加抽象的身份视角将角色行为界定为角色身份（role identity）。而斯拉斯（Sluss）和阿什福恩（Ashforth）基于角色对所嵌入网络的互补性缘由，解释了角色存在的目的和意义。可见，角色的核心内涵与某种身份角色的期望表现相关，根据组织角色理论的观点，在组织中探讨角色的关键，在于界定其工作职能和岗位职责。

事实上，每个员工都可能在组织中扮演着多种角色，而这些角色与其所处情境的关系密不可分。斯拉斯（Sluss）和阿什福恩（Ashforth）指出，组织中的角色倾向于根据职能、层级和地位划分，因此员工在组织中扮演的角色既有涉及其工作的职务角色，又有如"领导—下属"的二元或多元的关系角色，还有作为组织或部门成员的身份角色等。格里芬（Griffin）等指出，员工的工作角色不应该与这些角色的扮演情境区分对待，并根据涉及的情境层次把员工在组织中的工作角色分为职务角色、团队成员角色和组织成员角色三类主要角色。阿什恩（Ashorforth）等进一步提出，组织是高度分化的系统，并指出员工在组织中扮演的多种角色（身份）可分为职务角色、日常工作群体成员角色、部门成员角色和组织成员角色等在组织结构中自下而上相互嵌套的工作角色（nested work roles），以及跨越组织边界的职业群体成员角色等。根据这些观点，个体当前的角色可能会因文化支持、文化评价、接触社会的程度和情境偶然性而发生内涵或外延的变化，抑或形成"角色重合"，甚至在角色内与角色外不断转换。

在组织研究领域，卡茨（Katz）和卡恩（Kahn）将行为是否与工作相关进行区分，划分出角色内行为和角色外行为。角色内行为（in-role behaviors，IRB）被定义为履行指定工作角色的职责所需要或预期的行为，被认为是组织对员工正常的工作要求，是被组织明确期望、评估和奖励的行为，这些行为直接指向日常工作任务和职责，比如职位说明书中所规定的工作任务和责任。而角色外行为（extra-role behaviors，ERB）大多是指对组织有利且超出现有角色预期的任意行为。因此，工作关系中的"角色内"主要是指个体所承担的正式角色，包含了个体的正式工作职责及其对应的义务和权利。相对应地，"角色外"通常是指"职务外角色"，包括积极的角色外行为和消极的角色外行为。

积极的角色外行为主要包括组织公民行为、亲社会组织行为、尽责行为、建言行为等。消极的角色外行为主要包括反生产行为、工作场所偏差行为、沉默行为、退缩行为等。综上，角色外概念并不必然与利组织相关联，许多具体的行为可能是单一的积极属性或者消极属性。

（2）角色外行为与角色外人际互动。

在管理实践和研究领域，虽然"是否在正式结构和正式工作要求之内"已经成为区别角色内和角色外的共识，但角色外行为与角色外人际互动在界定上仍有差异。

从概念性质来看，角色外行为的实施主体可能是单个个体或某个群体，实施主体对于行为有绝对的选择权，可以不依赖实施作用的某个对象而被动变化，是一种"输出型"的行为。角色外人际互动的实施主体不是单个对象，是2个及以上的个体、群体、个体与群体之间的双向活动，每个参与主体可能是互动实施方、接收方或者共同实施方等，是一种"交互型"的行动。从目的和表现形式来看，角色外行为往往有对组织而言比较明确的正向或负向的目的，对同事或组织产生额外的贡献或影响。而角色外人际互动可能有明确的目的，也可能没有，甚至有时候互动本身就是目的，因此它不一定对组织产生明确的影响。角色外人际互动更多地关注个体或群体在特定角色之外与他人进行的互动和交流。这种互动可能发生在工作场所、社交场合或其他环境中，并可能涉及不同角色之间的关系和相互影响。角色外互动强调个体在特定情境下与他人的互动方式和过程，以及这些互动如何影响彼此的角色认知和行为。

虽然有的互动本身可能并不具备明确的工具性目的，但研究发现，互动可能会带来超乎预期的"效率"，并促进信任和利益等多方面的增进。因此，"非工作要求、非任务导向"的角色外人际互动虽然尚未得到广泛重视和系统研究，但已经具备了较多的实践认识和社会文化等基础。

（3）研究人际互动的主要观点和理论。

西方人际理论对互动动机的研究以"互补"和"相似"两大观点为核心。互动的互补观点源于人际互补理论，从情绪互补发展到以人格特质为核心的互补反应和互补原则。互补观点认为，个体之间之所以会产生互动，本质是由于对彼此的互补性感知，例如，一个按部就班的人能够与一个创新骨干形成稳定搭档，可能源于"一个愿意闯、一个不愿闯；一个喜欢做重复的事、另一个不喜欢做重复的事"，这种互补的感觉能够让彼此处在自己的舒适圈中，因此这样的互动关系比较容易维持，并且总会使彼此都有更积极的情绪感受。互动的相似观点源于社会认知理论，是个体在积极的自我一致性认知中，通过建立对他人的相似性认知和吸引来增强人际互动。持相似互动观的人认为，人们之所以愿意互动，是因为看到了镜子里的自己，并通过找寻这种共同点展现对自我的肯定。相似吸引的人际互动策略最大的优势就是彼此同频，这对于降低冲突是大有裨益的。综上，"互补"和"相似"观点解释了什么样的人可能会互动。

与西方社会情境相比，中国社会文化背景下的人际互动更强调人际关系的长期、稳定与和谐，而不局限于只有某种特质才会造成人际吸引。如梁漱溟先生所说，"西洋人是要用智的，中国人是要用直觉的——情感的……所谓孝悌礼让之训，处处尚情而无我"。再如林语堂先生所言，"对西方人来说，一个观点只要逻辑上讲通了，往往就能认可。对中国人来说，一个观点在逻辑上正确还不够，它同时必须合乎人情。实际上，合乎人情，即'近情'比合乎逻辑更受重视"。中国人的"人情"是人际的情感表达和情感期待，是一种群体成员的互惠方式，兼具内在情感关怀和外在交际规范。因此，中国社会中的人际互动通常需要遵循一些原则，包括人情优先、人情往来、人情贮备与增值、人情表达的动态均衡等。这些社会规范已经深刻渗透进本土文化的方方面面，包括本土组织情境。许多研究者基于这样的文化和管理实践基础，进行了相关研究，探索性提出家长式领导、下属逢迎、差序式领导等。

在人际互动的作用效果方面，社会网络理论和社会资本理论的研究者们已开展过大量论证。社会网络理论认为，社会网络是人际互动的背景，而人际互动又形成了新的社会网络。个人的网络活动有助于维护或拓展现有的网络关系，从而获得相应的资源。格兰诺维特（Granovetter）从动机角度指出，个体网络活动有多元化动机，这些动机可能是自利的理性选择，还可能是对权力的服从等。大量研究已经证实，与工作相关的广泛而战略性的社交网络型人际互动，可以促进个人和组织的绩效，进而提高工作绩效和职业成功。社会资本理论也支持了人际互动，尤其是非正式互动，对工作结果或绩效的促进作用。社会资本理论指出，即便互动的原始动机没有明确的政治性，非正式互动也可以通过发展个人技能、开展信息传递和扩展社交网络进而促进个人的政治参与，建立人际信任和对世界的认识，以创造出富有成效的结果。

（4）与角色外人际互动相关的概念及研究观点。

回顾文献发现，现有研究中与角色外人际互动相关的概念主要有社会互动（social interaction）、非正式社会联结（informal socializing ties）、人际关系网（networking）、非正式互动（informal interaction）和职场友谊（workplace friendship）等。从概念所反映的具体内容来看，角色外人际互动又与工间微休息（micro-break）、共情（empathy）、休闲重塑（leisure crafting）等有内容上的重叠或关联。

本书提出的角色外人际互动是一种基于以往或当前工作角色关系的，非工作规范要求下的较为频繁的人际互动，它可能发生在工作场所内外，还可能具有一定的目的性，但也可能兼具随意性。与之相比，社会互动包含了正式互动与非正式互动，是一般意义上的人际或群体间的交往活动和过程。非正式社会联结是指愿意在空闲时间与之相处的人的关系，其核心在于一种联结的状态评价而非互动的过程。人际关系网是指区别于静态关系结构的动态心理现象，它是一种为了工作绩效、职业发展和工作搜寻而建构的行为网络。

相对而言，非正式互动和职场友谊与角色外人际互动的关联度更大，但也有明确的差异。非正式互动是相对于正式互动而言的，它强调超越组织架构限制、非程序化、非强制性，属于社会互动的一部分。非正式互动被普遍界定为组织成员在工作场所或工作组织结构之外，或非正式工作要求下开展的人际网络的建设或维持。非正式互动与角色外人际互动的关键差异在于，互动是否类属于工作或任务要求。相当比例的非正式互动或多或少承担了一些为组织执行相关任务、协调相关人员或团队、传播组织文化或其他信息等功能，只是选择了间接或非正式的方式，因此而具有一定程度的任务导向的"角色内"的成分。而职场友谊被认为是一种存在于组织中基于工作身份联系而形成的非正式性、自愿性、符合公共规范和社会情感目标的同伴关系类型，这是组织同伴关系中最亲密但不够稳定的一种。职场友谊是一种经过发展的关系状态，它可能是多次高质量的人际互动后呈现出的典型而非常态的联结关系。职场友谊与角色外人际互动在表现形式上可能有相近之处，比如与同事谈论共同的兴趣、开玩笑或者展开非工作话题，但显而易见，角色外人际互动并不描述关系的亲密程度，并不必然指向某些关系的建立，甚至有时候"谈话本身就是目的"。

近年来，因工作或工作角色产生的行为也得到了不同角度的关注。例如，研究者们关注工间微休息及其对个人或组织带来的积极影响，并将其作为一种能量恢复、身心恢复、关系恢复的策略，认为这些恢复能够为个体带来各方面的益处。具体而言，这些行为可能包括在工作间隙浏览网页进行适当"留白"，抑或通过吃零食进行能量补充，通过与同事闲聊工作以外的事情放松或短暂解离当前的工作状态，通过利用碎片化时间阅读短文或短视频学习某些技巧等。工间微休息是指利用工作间隙进行的相关活动，这些活动可能与同事有关联，也可能仅仅是个体行为。其中与同事产生关联的部分，其内容往往是一些工作之外、非任务导向的人际互动，并且这些人际互动可能发生在工作场所，也可能发生在工作场所之外，这被称为工间微休息的"社交维度"。工间微休息的研究为角色外人际互动提供了广义互动的内容理解，因为关于社交的内容和形式，并不会仅局限于信息交换、聚餐聚会等方式，相反，人们会在互动中根据不同的情形和对象选择不同的互动方式及内容，而这些社交也体现了个体期待与他人产生联结的需要。

此外，大量研究发现，人们在互动中除了能够构建自己的社交网络和互动圈层，还会产生某些情绪共鸣，使其更容易理解对方并站在对方的立场思考问题。实际上，共情与情绪性互动有显著差别，因为情绪性互动并非能够让互动双方都能达到共情或达到同等程度的共情，但是共情又必然是由某些情绪性互动所引致。而这些与情绪有关的互动，未被纳入正式互动、非正式互动的内涵。角色外人际互动除了可能有较为广义的互动内容，应该至少包含了与情绪理解、情感反应相关的互动。

从休闲领域的研究视角来看，组织中的个体也越来越重视个人的身心健康，尤其是对个人发展及其意义的赋予等，并因此会对个体休闲领域进行"再设计"。例如，以积极的态度改善自我以及所处环境，参加一些跳出岗位职责的休闲活动与互动，参与或组织志愿者活动等。休闲重塑就是从这样的视角阐释个体关于工作之外的活动及互动的参与或安排，其中也包括个体与同事参与的相关休闲体验，如结伴露营、参加纪念活动等。休闲重塑也表现了关注组织中的个体在与工作内容解离而又可能与工作同事相联系的方面。相关研究也证实了有同事参与的休闲重塑对个体及工作的积极作用。

与角色外人际互动相关的概念见表 2-1。

**表 2-1　与角色外人际互动相关的概念**

| 相关概念 | 定义 | 关联 | 区别 |
|---|---|---|---|
| 社会互动 | 一般意义上的人际或群体间的交往活动和过程，能够提升人们的社会支持感、群体承诺、生活意义感和社会规范等 | 有内涵上的关联，是所有互动的集合，与角色外人际互动是概念范围上的包含与被包含关系 | 其含义包括宏观社会结构层面和微观人际间的互动，形式上也包含了正式互动与非正式互动等，是对人们社会性互动的统称 |
| 非正式互动 | 组织成员在工作场所或工作组织结构之外，或非正式工作要求下开展的人际网络的建设或维持 | 在内容上与角色外人际互动有交集，比如在非工作要求下的娱乐休闲活动、个性化社交活动等 | 互动的形式为非正式制度下的互动，除了某些娱乐形式的互动外，还具有一定程度的任务导向的制度补位作用，如为了完成某项任务而采取的非正式沟通或谈判等 |
| 非正式社会联结 | 愿意在空闲时间与之相处的人的关系 | 都具有非任务导向的特点 | 其核心在于一种联结的状态评价，而不是作为互动的过程 |

表2-1（续）

| 相关概念 | 定义 | 关联 | 区别 |
|---|---|---|---|
| 人际关系网 | 人际关系网是一种为了工作绩效、职业发展和工作搜寻等目的而建构的行为网络 | 并非静态关系结构的描述，也体现了一定的动态性 | 更侧重于指向明确的关系建构与关系状态，也是一种基于联结的状态评价，不具体描述人际互动的过程 |
| 职场友谊 | 存在于组织中，基于工作身份联系而形成的非正式性、自愿性、符合公共规范和社会情感目标的同伴关系类型，是组织同伴关系中最亲密但不够稳定的一种 | 两者在表现形式上可能有相近之处，比如与同事谈论共同的兴趣、开玩笑或者非工作话题等 | 职专友谊是一种经过发展的关系状态，它可能是多次高质量的人际互动后呈现出的典型而非常态的联结关系。但是角色外人际互动并不描述关系的亲密程度，并不必然指向某些关系的建立 |
| 工间微休息 | 一种员工的自愿行为，即员工在任务之间自愿发起的、短暂的、与工作无关的、非正式的轻松休息活动，包括营养摄入、社交、放松、认知活动四种类型 | 其中在社交维度上，其主要是指个体因工作以外的事情与同事产生社交活动，抑或是采用各种线下或线上的方式与重要的人进行联系等。工间微休息也是一种非任务导向，指可能发生在工作场所内外部的活动 | 除社交维度以外，其他维度不一定与组织中的他人产生互动，比如个体可能会通过做工间操等方式放松身心等。同时，社交维度的互动对象也可能是家人或其他工作外的朋友 |
| 共情 | 共情是在人际互动中识别他人的行为时产生的。当个体与他人互动交换信息时，这些信息使他们处于别人的立场上思考问题 | 共情与情绪互动有关，体现了通过相互交流等形式形成对互动对象的情绪理解和情感反应，角色外人际互动中也有类似情绪互动存在 | 共情产生于组织成员间的情绪互动，也可以体现在互动过程中 |
| 休闲重塑 | 休闲重塑是指在休闲领域，为了实现个人发展、提高某种意义感与健康等目的，以积极主动的态度和目标对环境和自我进行某些改善的再设计行为 | 其与角色外人际互动的关联主要包括以积极的态度寻求或参与到某些工作之外的休闲体验方面的人际互动，比如与同事一起参加志愿者活动等 | 侧重于关注工作之外的休闲领域的活动，可能是个体为主，并非都涉及人际互动方面 |

综上，虽然在此之前角色外人际互动尚未被正式提出，但许多观点已经为此埋下认识论的种子。马歇尔（Marshall）就明确指出，工作和休闲之间存在模糊的界限，"通常谨慎的工作和娱乐活动会在这里（工作场所）同时发生"。近年来的研究也越来越关注工作场所互动，认为随着工作中相互依赖性的增强和技术的变革，人们已经认识到，同事和朋友之间关系和角色的模糊性也在发生变化，组织成员与同事的联系方式以及个人和职业角色之间的界限也在发生改变；而工作场所关系与网络的互动重叠，又为个体跨越角色边界创造了机会。此外，研究者已经注意到非工作领域还存在除了家庭之外的其他领域，如休闲领域等。

在相关作用效果上，以往的研究相对忽视组织成员工作职责之外的人际互动对工作结果的作用，尤其是在非工作动机或职责要求下产生的、并对工作结果产生影响的互动，如个人之间的非工作信息交流等。但也有一些研究指出，当员工通过在线社交网络与同事进行积极互动时，其工作和生活领域可能会发生更高程度的信息交换。此外，职场友谊的互动建构也会导致一系列理想的个人和组织结果，如促进员工的工作绩效等。

### 2.2.2  本土文化背景与角色外人际互动

即使在经济现代化高速发展的当代中国，儒家文化依然塑造着中国人的思维模式和行为偏好，一些中国传统文化的元素仍在延续，人际关系继续在社会生活中发挥重要作用。而本土社会文化和组织文化对人际互动的行动逻辑有着较为重要的影响，尤其是价值观方面。许多研究明确提出了中国价值观的内涵及维度，比如，包含社会融合、儒家工作动力论、人际和谐及道德自律4个维度的中国价值观，以及包含尊重权威、人际关系、集体导向、与人为善等12个维度的中国价值观等。李美枝和杨国枢的研究强调了中国人价值观关注和谐型的关系取向。

蔡华俭等对近半个多世纪以来中国人的文化心理与行为模式的基本变化进行的研究发现，当下中国社会有着多元化并存与交融的特点。这也响应了布林德利（Brindley）早在1989年开展的访谈研究所指出的内容：华人的价值观包括的传统价值观和现代价值观，并且两者相集于一体，即既有注重权威和道德等部分，又有注重科学和功能主义等部分。因此，为了进一步揭示角色外人际互动的内涵和行动逻辑，我们不仅需要关注文化价值观等宏观因素的影响，还应该关注促进这些文化形成的个体的自我建构范式及其变化。

自我建构理论以马库斯（Markus）和北山（Kitayama）的"独立—互依"自我（independent-interdependent self）建构理论为基础，并经克罗斯（Cross）等进一步发展出"关系"自我（relational-interdependent self-construal，RISC；或 relational self-construal，RelSC），形成"独立—互依—关系"三种自我建构类型。这为解释东亚地区等以集体主义为主，同时又融合了多元文化互动，尤其是对关系高度重视的中国人的自我认识与自我意义建构提供了重要的理论基础。其中，学者对独立自我的研究与解释最为明确和清晰，其核心在于强调个体的自主性及其表达；互依自我是从归属、依存的角度阐释个体与社会的联系，强调群体和联结属性；关系自我是个体发展与他人亲密关系的一种动机来源，强调关系对自我的定义。个体关于自我的认知模式是嵌入其所处的文化背景下的，而身处东亚文化背景下的个体，正如前面对华人价值观和中国人近半个世纪心理和行为的变迁等研究来看，个体的自我概念虽也有独立自我，但互依自我和关系自我仍然具有相当的传统性。这与费孝通先生提出的"差序格局"中以关系锚定自我的观点有相似之处。

早在 1995 年，有学者就基于中国关系社会的大背景提出了他的关系自我理论。关系自我理论反映了对于大多数中国人来说，和谐互惠与互动是理想状态，在某种程度上比个体自身还要重要。而安乐哲提出的"焦点—场域式的自我"理论，将中国人对自我、角色和关系的认识纳入对场域和焦点的解释。与此类似的还有杨国枢和陆洛的"华人四元自我论"观点等。这些理论与观点都从侧面映射了中国人的自我建构可能是一种承载角色的关系自我。

综上，不论是从文化价值观的宏观视角，还是从个体自我建构的微观视角，本土组织情境中的角色外人际互动都嵌套于中国社会文化中，其概念内涵、结构维度、行动逻辑等都或多或少受到以关系文化为主的多元文化的影响。本书将在这样的背景下探索角色外人际互动的概念化表征，并尝试澄清其如何在认知和情感两方面对工作绩效的积极面产生影响。

## 2.2.3　角色外人际互动的研究述评

总体来说，角色外人际互动虽然尚未被其他研究者提出，但与之相关相近的概念和现象已经开始得到关注，并且许多研究也开始探讨工作角色的转换和边界模糊等问题。与此同时，随着徐淑英等学者关于中国管理研究情境化的呼吁，在中国组织情境下探究角色外人际互动并尝试进一步阐释其对工作结果的影响机制，既是对现代管理理论的拓展，也是对本土管理实践需要的呼应。然而，角色外人际互动的概念内涵、结构维度、作用机制是什么，还有待系统探索。通过梳理角色的概念、人际互动的基本观点、辨析关联概念、澄清本土文化背景等文献研究后发现，角色外人际互动尚有诸多问题亟待完善。

第一，需要探索与明确何为角色外人际互动，即对角色外人际互动的概念内涵及结构维度进行澄清，在此基础上形成角色外人际互动的测量工具。虽然温斯洛（Winslow）等尝试在非正式互动的基础上将其内涵拓展为"非正式、非任务相关的工作场所社会互动"，甚至强调其作为一种弱工具性的和纯粹的社会互动特点，但仍然未阐述清楚"正式"与"非正式"的逻辑范畴，概念与内涵不完全匹配。大量研究认为非正式互动是一种非程序化的交流，虽然互动也是自发发生的，互动方式更加个性化，并且互动发生的场所和时间超越了组织架构的限制，但这种互动仍然有较为明确的任务导向成分，即具备"完成相关任务、协调小组活动，传播组织文化等诸多功能"。此外，其他相关联的概念如职场友谊、人际关系网等，主要侧重于对某种关系状态的描述。实际上，角色外人际互动是一种行为或行动，而非明确的关系。在中国文化价值观下，人们对实质性的亲密关系界定比较谨慎，因而界定互动行动比界定关系状态更为恰当。虽然一些研究也对某些具体的、基于工作关系的人际互动进行研究，如下班后聚餐、通过社交网络进行互动等，但又相对局限于某种特定的互动方式，并且主要从互动的表现形式来进行识别，没有区分主动聚餐与被动聚餐的差异，没有从互动的动机属性层面进行辨析。基于此，在中国组织情境下以"角色"为概念基点，探讨角色外人际互动的概念内涵并尝试构建测量工具是进一步解释与分析相关现象的起点，需要在后续研究中系统推进。

第二，现有文献主要基于社会网络和社会资本理论探讨了广义人际互动的积极作用结果，但对于组织中人际互动的具体作用路径和作用机制的过程方面关注较少，不能充分阐释角色外人际互动的行动逻辑。从文化比较来看，虽然人们或多或少有归属的需要和情感的反应，但由于西方社会发展、个体自我建构、社会联结模式等与东亚文化的差异，使得这种角色外人际互动不被重视，或者因在职场中微妙的边界感而未得到关注。在中国组织情境下，角色外人际互动的作用路径是否具有其文化特殊性，应该如何解释不同个体对互动的信息加工差异等问题都缺乏解释。因此，本书认为探讨中国组织情境下的角色外人际互动对工作绩效的作用机制应该考虑认知和情感等因素的多重影响，如可以尝试从认知情感系统理论进行构建与拓展。

第三，现有研究对情境特征关注不足，对如何解释不同个体及其能力差异对角色外人际互动的影响缺乏充分关注。在中国组织情境中，人们倾向以他人、情境、社会关系等定义自我的社会文化环境，这是频繁发生角色外人际互动并可能产生溢出效应的重要场所。中国人常以自己与其亲密关系的他人或群体来评价自身的价值，相对于"我"的概念，"我们"更为重要。然而，这并非某种大集体观，其中所反映出的微妙关系是有选择性的。这种基于关系的自我建构不仅影响着个体的道德判断和道德表达，还影响着个人行为，并促进个体更加关注他人感受、注意与他人相互配合、谋求与他人和谐相处等。因此，为系统探索角色外人际互动的作用效果，还应该将与受文化情境影响的相关因素纳入边界条件的探索等。

## 2.3 工作绩效

工作绩效的内涵非常丰富，从围绕工作角色核心任务的视角来看，大致可以被划分为角色内绩效和角色外绩效。巴斯斯达尔（Barksdal）和沃纳（Werner）的研究指出，管理者对员工整体绩效的评价不仅有角色内绩效，也包括由利他行为和尽责行为等组成的角色外绩效。在一段时间里，无论是研究界还是实践界，人们对自己本职工作之外的角色外行为较为热衷，而忽视了其核心的岗位工作的完成质量，这必须得到认真审视。因此，对本书而言，在与同事工作间隙发生的非任务性互动，是否能够跨越角色边界，对角色内绩效起到促进作用，是第一要义。因此，为进一步探究与区分角色外人际互动对不同工作绩效的影响结果，同时关注其对员工本职工作和利他行为等的影响，本书主要考察的工作绩效为任务导向的角色内绩效和关系导向的人际公民行为，下面将简要回顾角色内绩效和人际公民行为的概念、测度及相关研究。

### 2.3.1 工作绩效的概念

（1）角色内绩效：本职工作的基本要求。

角色内绩效是工作绩效范畴中的经典、核心构念，是指正式的、岗位说明书上明确指出的与工作职责相关的行为表现及结果。角色内绩效是工作绩效的基础，是组织正式报酬体系所认可的行为结果。角色内绩效一方面体现出员工的正常工作要求和组织期望，另一方面扮演着持续工作业绩的基础作用。詹森（Janssen）和范伊佩伦（Van Yperen）认为，角色内绩效之所以重要，在于其使得组织明确规定的制度性措施能够实现，并且促使岗位角色承担者与组织目标保持一致。

在大多数时候，研究中的角色内绩效与任务绩效有比较一致的内涵，因为在组织角色理论中，关于个体承担的工作角色描述的本质，是其承担该岗位的任务。因此，任务绩效与角色内绩效在内涵上有同源性。然而，关于如何界定角色边界所引发的讨论，导致了另外一种观点，即角色内绩效不完全等同于任务绩效，因为承担这个角色的主体对于自身应承担的角色认知是有差异的，组织成员的行为表现与其对自身所理解的角色有关，并会根据自己对角色的理解与期望来决定自己的角色内行为表现。研究发现，人们对于角色内绩效的理解正在发生延伸，比如某些员工把组织公民行为都认为是在岗位角色中应该完成的；而另外一些员工则可能把自己岗位要求应该做的判定为非刚性任务。实际上，由于嵌入在更大的社会文化与结构下，个体对自身角色的认知被认为是与民族文化高度相关的，进而在不同国家或文化背景下造成对角色绩效理解的差异。然而，尽管角色内绩效的内涵正在发生变化，但是本书仍然认为，组织角色的核心仍然是岗位任务，因为它是清晰地界定个体所承担该项工作中时应当完成的"最小公约数"，更是组织任命个体并进行绩效评价的基本要求。

（2）人际公民行为：关系导向的角色外绩效。

研究发现，组织对员工总体绩效的评价不仅包括其角色内绩效，还包括其组织公民绩效中的人际公民行为（interpersonal citicenship behavior, ICB），也被称为利他行为（altruistic behavior）。人际公民行为的概念是由塞通（Settoon）和莫斯霍尔德（Mossholder）于2002年提出的，也被看作组织公民行为的一个维度（OCB-I），主要是指发生在同事之间的相互帮助，这些帮助可能会直接或者间接促进任务性绩效的完成，从而有利于团队和组织运行的行为。人际公民行为虽然也是一种自发的行为，但这种行为的帮助对象是组织中的人，这些行为可能对组织有益处，也可能没有。

人际公民行为包括在工作环境中自愿地向他人提供帮助而不求任何形式回报的行为，或者是在一定的职场友谊中对亲密同事的相互促进，人际公民行为具有高道德品质和可辨认的特点。人际公民行为作为一种高层次的亲社会行为，不仅对受助者及其所在群体具有弥足珍贵的价值，也给助人者自身带来诸多益处，还能促进工作场所构建和谐的氛围。

### 2.3.2　工作绩效的结构与测量

（1）角色内绩效的测量。

对角色内绩效的测量，通常采用单维度结构的量表。对现有研究进行梳理发现，当前主要采用的角色内绩效量表见表2-2。

表2-2　现有研究中主要采用的角色内绩效量表

| 序号 | 开发者 | 题项 | 说明 |
|---|---|---|---|
| 1 | 莫特 | 7 | 研究者虽然没有明确指出该量表测量的是员工角色内绩效，但是其后续大量用于关于角色内绩效研究，且测量信效度较好 |
| 2 | 威廉姆斯和安德森 | 7 | 测量内容主要是基于工作说明书和工作职位的要求，得到了广泛认同和应用。题项如"该下属完成了分配给他/她的全部任务"等（α = 0.87） |
| 3 | 阿什福德和布莱克 | 3 | 主要关注一个人的整体表现，并在之前的研究中得到验证。题项如"该员工总体表现良好""该员工工作绩效高"等（α =0.92） |
| 4 | 樊景立等 | 4 | 题项如"我总能及时完成指派的任务"等 |
| 5 | 贝福特和哈特拉姆 | 9 | 从口头和书面交流、服务和维持组织技术核心、技术核心转换行动入手进行了测量 |
| 6 | 麦金农、洛克伍德和威廉姆斯 | 5 | 题项如"我能够充分完成组织指定的工作任务"等 |

（2）人际公民行为的测量。

以往研究指出，人际公民行为可被视为帮助行为的不同方面，或是针对个体及工作不同导向等。现有研究中主要采用的人际公民行为量表见表2-3。

表 2-3 现有研究中主要采用的人际公民行为量表

| 序号 | 开发者 | 名称 | 题项 | 说明 |
|---|---|---|---|---|
| 1 | 威谦姆斯和安德森 | 员工利他行为量表 | 6 | 题项包括"帮助那些缺席的人""帮助工作量大的人""向同事传递信息"等（$\alpha = 0.89$）。 |
| 2 | 麦肯基、波德萨科夫和费特 | 组织利他行为 | 5 | 题项包括"即使没有直接要求，我们也帮助了该网络中的其他公司""我们愿意投入时间帮助该网络中的其他公司"等 |
| 3 | 史密斯等 | 组织公民行为中的利他维度 | 7 | 题项侧重于同事间的帮助行为，包括"这名员工会帮助不在岗位的同事""这名员工会帮助工作繁重的同事"等（$\alpha = 0.92$） |
| 4 | 樊景立等 | 组织公民行为量表 | 8 | 含"同事间的利他行为"和"组织认同"两个维度，各包括 4 个题项；信度分别为 0.84 和 0.83 |
| 5 | 塞通和莫斯霍尔德 | 人际公民行为量表 | 14 | 前 8 项衡量以个体为中心维度，题项如"对于同事遇到的困难或麻烦，我会用额外的付出去帮助"等；后 6 项衡量以任务为中心维度，题项如"我会付出分内责任之外的努力去帮助他人达成工作目标"等 |

### 2.3.3　工作绩效的影响因素

对工作绩效的关注一直是管理学领域最核心的主题，因为对工作中行为、态度等识别和分析的最终目标之一是预测其对组织期望的结果是否有某种影响。工作绩效从层次上划分可以包括组织中个体层面的工作绩效、团队层面的工作绩效以及组织层面的工作绩效，虽然没有研究直接指出个体工作绩效之和必然提升组织工作绩效，但个体绩效仍然是组织绩效涌现的重要基础，并且是绩效执行的最小单元。在对个体层面的绩效影响方面，个人的知识、能力、动机、认知以及特质等都被认为能够影响其工作绩效，除个体本身的因素之外，如领导风格、组织或工作氛围、个体心理感知等都会直接或间接、单个或交互对个体角色内绩效等产生影响。

此外，许多研究还考察了人际公民行为的影响因素，包括各种工作环境氛围，如同事信任和工作关联性、建设性组织氛围与和谐工作环境氛围等，以及个体的情绪和心理感知等方面。还有一些基于情境与文化的研究发现，不同文化背景下组织及其成员对工作绩效的理解和表现存在差异，尤其是对工作场所友好环境的感知和人际公民行为反映在中国组织环境下更加敏感。研究认为，相较于西方个体主义为主流的价值观，在中国文化背景下，受整体集体主义的潜移默化影响，人们会更加重视人际的责任与义务，并表现出更高程度的利他特点。这些影响个体组织行为的文化与认知背景源于中国传统文化中诸子百家的主张，尽管各家的主张不同，但都有利他思想的指向，揭示了我们民族文化的利他传统与渊源。还有研究从形象动机的视角揭示了中国组织情境中个体为了获得"道德性面子"而实施人际公民行为的作用机制，谢思祎的研究也证实了人际公民行为的关系导向特点。这些都为本书探索与构建角色外人际互动对角色内绩效和人际公民行为的影响机制提供了参考。

如苏中兴指出，"认真尽职地完成本职工作"是组织管理的核心目标。现有关于工作绩效的界定，正随着组织目标和管理方式的变化而发生内涵和外延上的扩展。然而，完成本职工作，或称岗位工作、职位要求等，是个体的基本工作要求，因此，角色内绩效是组织管理者首要关心的工作结果。此外，和谐友好的工作环境与氛围被证实是促进组织成员人际公民行为的重要因素，而在中国传统文化的传承和影响下，和谐人际关系的构建是一个重要议题。基于工作关系的组织成员之间会产生多种形式的互动，如闲聊、休闲活动等，这些互动可能被解读成信任或关系的建立，从而更容易促进其行为的利他性。总体来说，中国组织情境下的角色外人际互动为何、如何影响组织成员的角色内绩效和人际公民行为，尚未得到很好的论证。但是，通过以上文献梳理，不难发现，角色外人际互动很有可能对角色内绩效和人际公民行为产生积极的影响。

## 2.4 工作激情

### 2.4.1 工作激情的概念

激情是"人们对于自认喜爱的、重要活动的强烈参与倾向，由于这种强烈的倾向性，人们愿意为此活动投入自己的时间和精力"。激情虽然也具有情感因素，但并不等同于一般的情绪，它是一个包含动机、情感和认知三种因素的综合构念。瓦勒兰（Vallerand）等将一般激情的概念引入到工作情境，并指出工作中的激情是"组织成员对一项工作的强烈倾向或意愿，个体对这项工作喜欢甚至热爱，认为很重要，愿意投入时间和精力，并将这项工作视为自我认同的核心身份特征"。由此可见，工作激情是指个体对工作有强烈的参与倾向，这种倾向既有情感的成分，也有认知的成分，是一种个体对于其工作参与意愿的表征。

为了进一步辨析工作激情是否存在差别，瓦勒兰和其同事建立了一套从激情内化过程视角解释的理论模型，称为"激情二元模型"（dualistic model of passion，DMP），也被称为一般激情理论模型。这样划分的依据是，人们的工作激情产生是一种发自内心的意义赋予，也是受制于某种外部约束而产生的"不得不"的做法。比如，为了提高家庭收入，外卖骑手甚至可以开启疯狂接单、火速送单的工作模式，以获得更丰厚的报酬和奖励，这种表现在大多数情况下并非由于其对这份职业的发展性追求，而是因外部原因不得不采取这样的工作模式。类似这样的倾向被界定为强迫型激情（obsessive passion，OP）。强迫型激情是指通过一种强迫的内化过程而使得工作成为个体身份的某些部分。不可否定，强迫型工作激情虽然可能也会导致正向的工作结果，但由于这种激情很大程度上受到外部压力或利益等约束，可能表现出不稳定的特点。

与此相反，和谐型工作激情（hamonious passion，HP）界定了一种发自内心赋予工作热爱和价值的倾向，并认为在工作中能够找到兴趣或满足某些情感上的期望。从内化过程来解释，这是一种自主内化而非强迫内化。具有和谐型工作激情的个体会单纯、自发地将工作内容转化为自我的一个重要部分，他们认为工作是一项具有重大价值的活动，并能够在工作中感受到更多的积极情绪，在工作安排上具有更强的自主性，并且更愿意长期稳定地为组织和工作贡献自己的力量。

### 2.4.2　工作激情的结构与测量

基于激情的二元模型，瓦勒兰在 2003 年建立了一套包括 14 个题项的激情测量量表分别测量和谐型工作激情与强迫型工作激情两个子变量。实际上许多研究已经明确区分开和谐型工作激情和强迫型工作激情，并各自采用经典的 7 题量表。

此后，该量表也经过多次修订并应用于不同领域和文化背景中，如教育领域、体育领域、组织领域、跨文化领域中具有中国籍或者在中国组织情境中的员工等。

现有研究中主要采用的工作激情量表见表2-4。

表2-4  现有研究中主要采用的工作激情量表

| 序号 | 开发者 | 名称 | 题项 | 说明 |
|---|---|---|---|---|
| 1 | 瓦勒兰、霍尔福特和福雷斯 | 工作激情量表 | 14 | 7个题项为和谐型工作激情，7个题项为强迫型工作激情。和谐型工作激情的题项如"我很喜欢自己的工作"；强迫型工作激情的样本题项如"我工作欲望十分强烈导致无法自拔"等 |
| 2 | 瓦勒兰等 | 修订的工作激情量表 | 12 | 6个题项为和谐型工作激情，6个题项为强迫型工作激情。题项如"我的工作与生活中的其他活动协调一致"等（$\alpha = 0.72$） |
| 3 | 刘等 | 和谐型工作激情量表 | 7 | 题项如"我在工作中发现的新事物让我更加欣赏它""我的工作与生活中的其他活动是和谐的"等（$\alpha = 0.91$） |

### 2.4.3  工作激情的作用机制及结果研究

（1）工作激情的作用机制。

研究发现，普遍意义上，人们会对那些能够带来愉快体验的事件产生积极的评价，并希望这些活动反复发生，以满足其某些心理需要。这些好的体验的积累，尤其是具有特殊意义表征的重要活动，能够使个体对自我身份的构建产生影响。个体对于这些活动进行内化，进而产生了激情。在工作领域，工作活动为个体带来的愉快体验和意义赋予触发了人们对工作产生偏爱倾向。因此，激情的产生被认为受到三个过程的影响：活动选择（对某些活动产生偏爱）、活动评价（认为活动特别重要）和从事活动的外部动机的内化。

当个体认为工作带来的快乐越多、越重要、越有价值，他所具有的工作激情就会越多；当个体对一项有兴趣的、认为特别重要的工作产生激情时，对该工作的内化过程会决定工作激情的类型。此外，外部动机内化过程还受到个人等因素的影响。

（2）工作激情的结果研究。

现有关于工作激情的研究大多基于激情的二元模型（DMP）视角，分别或综合探讨和谐型工作激情与强迫型工作激情对员工个人结果和组织结果的不同影响。总体来说，和谐型工作激情与积极的个人和组织结果（如积极的情感、流动、表现、企业绩效）相关；强迫型工作激情既与积极的结果（如组织认同、积极情绪、学习目标取向）相关，也与消极结果（如消极的情感、倦怠、冲突）相关。研究结果表明，具有和谐型工作激情的员工在工作中专注程度更高，工作表现更好，具有双重激情特征的员工比单独具有和谐型或强迫型工作激情的员工表现出更高的任务绩效和主观幸福感。许科等验证了和谐型—强迫型工作激情两维度均与员工建言行为正向相关，但强迫型工作激情影响效果相对较小。

大量研究表明，具有和谐型工作激情的员工能够为组织带来一系列的积极影响。例如，能够促进员工在工作中投入更多的时间和精力、表现出更多的组织公民行为、促进工作中的专注和活力、正向预测工作者在任务中的绩效表现、促进组织绩效的提升等。另外一些研究表明，高水平和谐型工作激情的工作者能够产生更高的组织认同，获得更高的满意度，在组织中表现出更多的创造力和创新性绩效，提出更多有益于组织的建言等。

（3）工作激情的作用机制及作用效果小结。

综上，已有研究证实了工作激情能够促进工作结果或提升个人积极感受，同时证实了和谐型工作激情和强迫型工作激情的作用机制和作用效果可能存在差异。概括而言，和谐型工作激情是个体在没有外力约束或推动的情况下，自主产生的对于有强烈投入工作的倾向，从而主动投入工作、减少工作中紧张和强迫感体验的一种内部力量，因此其大多能够产生积极的效果，尤其是个体自发的、有身心愉悦感的结果。与之相区别，强迫型工作激情大多由外部利益或压力所致，虽然也能产生一定的积极效果，但是外部环境、场景、压力、关系、利益等发生变化，其可能变得不稳定。研究结论虽体现了不同工作激情的差异，但也有很多研究证实了强迫型工作激情也可能会成为一种自我外部约束来促进职责内基本工作结果的达成。与此同时，由于工作激情的构念中包含动机、情感和认知三种成分，基于此，本书认为，工作激情可能是一种解释角色外人际互动对工作绩效差异化影响的关键中介。

## 2.5 社会接纳

### 2.5.1 社会接纳的概念

社会接纳经常被作为与社会排斥相对的概念来认识，但相关研究远不如社会排斥丰富。社会接纳指的是个体获得了他人或群体的欢迎、认可以及正面的、积极的评价，而使得个体的人际关系需求、内心的归属需求等得以满足的社会现象，社会接纳是一种积极的职场人际结果的重要反应。

与社会接纳相关或可替代使用的一些概念包括受欢迎程度、职场接纳、同伴接纳、他人接纳等。受欢迎程度是早期表征接纳的一个概念，其核心是指个体对于他人喜欢和接受自己的一般意义上的感受，这种感受不代表个人意见，而是对具有一定的群体比例或者代表性的喜欢的感受，是一个群体层面的态度看法。职场接纳在一些研究中也被界定为职场中的受欢迎程度，具体而言，是被工作中的同事们普遍喜欢和接纳的程度，是一种被普遍认可的描述工作场所社会接纳的定义。同伴接纳聚焦同伴关系，包括人们在各个阶段所处的同伴环境，包括在学习、生活、玩耍等领域被接受的感觉。他人接纳是指在与人交往或接触的过程中，自己的行为、态度、情绪情感、思想方式等心理活动被他人接受、认可的一种态度体验或表现，接纳信号发出者可能是个体，也可能是某个群体。被社会接纳可以从两方面加以表征：被他人所喜欢和具有存在感，这体现了社会接纳不仅是一种喜欢，还对某些个体或群体有存在的意义。因此，本书认为探讨角色外人际互动对个体感知到的接纳状态，更适合用社会接纳来描述。因为社会接纳是群体视角、非平级视角、非任务关联性方面，是从积极人际结果角度描述个体在组织内与大部分人的人际适应状况。

### 2.5.2 社会接纳的结构与测量

作为一种积极的人际结果，社会接纳被认为是连续型变量，这与实际情况相符，因为人们感受到是否被喜欢或接受一般来说是出于两个极端值之间的某个中间值。目前，关于社会接纳的测量方法主要是从斯科特等"受欢迎量表"借鉴和演化而来，并被证实具有相当程度的可行性，被许多学者广泛使用。研究中常用于测量社会接纳的量表见表2-5。

表 2-5　现有研究中主要采用的社会接纳量表

| 序号 | 开发者 | 名称 | 题项 | 说明 |
|---|---|---|---|---|
| 1 | 斯科特等 | 受欢迎量表（popularity） | 8 | 题项为"我的同事接纳我""我是受欢迎的""我被我的同事所熟知""我的同事崇拜我""我的同事喜欢我""我在我的同事面前有社交存在感""我的同事认为我是讨人喜欢的""我不是很受欢迎"（$\alpha$=0.88） |
| 2 | 马龙等 | 归属需求量表（general belongingness scale，GBS） | 12 | 包含了6个条目的社会接纳和6个条目的社会排斥；社会接纳题项如"当我和别人在一起时，我有融入感""我与家人和朋友关系密切""我感到被别人所接纳""我有一种归属感""与人相处时，我有一席之地""我能感觉到自己和别人的联系"（$\alpha$=0.95） |
| 3 | 法伊 | 人际容纳量表 | 25 | 包含容纳他人（acceptance of others）和被人容纳（acceptability of others）两个维度（$\alpha$=0.75） |

### 2.5.3　社会接纳的作用机制及结果研究

在个体社会化的过程中，人们或多或少都希望得到认可与接纳，获得尊重，这与归属需求理论的观点是一致的。当个体被自己所重视的群体接纳，能够促进个体的自尊水平以及自我价值感的提升，使人产生积极的情绪体验，并促进积极的行为和结果。斯科特（Scott）认为，行为匹配和个体特征是影响组织成员社会接纳的两个因素。研究表明，员工之所以能获得其他团队成员的接纳，首先因为其行为或特征符合团队的角色设定期待，与团队价值观一致。因此，斯科特（Scott）指出，那些能够敏锐捕捉团队共同约定或团队偏好的个体更容易受欢迎。另外，在个体特征方面，外表、人格、政治技能、人际沟通等都会影响个体被同事或组织的接纳程度。

社会接纳能为员工个体及其组织带来许多积极影响，包括更高的工作满意度、更好的工作绩效等。除此之外，受欢迎的组织成员能够获得更高的社会资本，他们往往在社交网络中处在比较中心的位置，能获取大量的信息与资源。同时，受欢迎的组织成员也能在人际互动中接受他人更为积极的互动行为，比如能够获得更多他人的组织公民行为，以及更少来自他人的反生产行为，也更易获得他人的信任。卡伦（Cullen）等人还从反面证实了，在职场中，接纳与消极的人际互动呈负向关系。

总体来说，社会接纳是一种描述个体获得他人或群体的欢迎和认可，获得正面、积极评价的感知，是一种积极的职场人际结果。虽然社会接纳是一个非常重要而又普遍存在的现象，但现有研究对此关注程度不够丰富，大多数研究集中在研究其对立面，即消极的职场人际结果，如职场排斥等。现有研究指出，影响社会接纳的因素很多，既包括个体特征，还包括具体的行为特征等，并指出个体能够获得接纳更多是基于一种"匹配观"，无论是行为匹配、还是价值观匹配等。作为一种积极的职场人际结果，社会接纳被证实能带来更好的个人结果，如工作满意度、获得职业发展等，也有组织结果，如更好的工作绩效、更少的反生产行为等。这些都为本书探索角色外人际互动的认知路径提供了良好的基础。

## 2.6　积极情绪

### 2.6.1　积极情绪的概念

情绪是低强度的、分散的、相对持久的一种情感状态。根据沃森（Watson）等的研究，最常见的情绪分类有积极情绪（positive emotion）和消极情绪（nagetive emotion）。积极情绪意味着个体处于一种高度能量激活、全神贯注、愉快、投入等状态；相反，消极情绪则是心理压抑、不愉快的状态，涉及一系列的消极状态，如愤怒、内疚、恐惧、紧张等。

积极情绪主要是指个体由于体内外刺激、事件满足个体需要而产生的伴有愉悦感受的情绪。在积极情绪概念的发展过程中，一些研究者给出了不同视角的定义，包括"积极情绪与某种需要的满足相联系，通常伴随愉悦的主观体验，并能提高人的积极性和活动能力""积极情绪就是当事情进展顺利时，你想微笑时产生的那种好的感受""积极情绪是对个人有意义的事情的独特、即时反应，是一种暂时的愉悦"。情绪的认知理论则认为"积极情绪就是在目标实现过程中取得进步或得到他人积极评价时所产生的感受"。从分立情绪理论的观点来看，积极情绪主要包括多种具体的正向情绪，包括快乐、满意、兴趣、自豪、感激和爱等。

### 2.6.2 积极情绪的结构与测量

积极情绪的经典量表是由沃森（Watson）、克拉克（Clark）和特勒根（Tellegen）于 1988 年编制发表的 PANAS 情绪自评量表。该量表的编制基本理论源于积极情绪和消极情绪，这是两大彼此相对独立的基本维度。

PANAS 量表是对个体的情绪和唤醒度在较高水平时的测量方法，因此是一种情绪激活性评价。测量积极情绪时通常需要一些前置的刺激事件，并且能够让个体产生值得产生和容易产生情绪。由于其有较好的语境适应性和简便操作性，其在各个研究领域都得到了广泛应用，对积极情绪的测量主要是在此框架基础上进行的完善和修订。在我国，PANAS 量表被用于进行过中国人群的适应性研究。研究中常用于测量积极情绪的量表见表 2-6。

**表 2-6　现有研究中主要采用的积极情绪量表**

| 序号 | 开发者 | 名称 | 题项 | 说明 |
|---|---|---|---|---|
| 1 | 沃森、克拉克和特勒根 | PANAS 量表 | 20 | 10 个条目测量积极情绪，10 个题项测量消极情绪（$\alpha = 0.885$） |
| 2 | 哈米德和陈 | 中国情感量表 | 20 | 包含 10 个 PA（积极情绪）和 10 个 NA（消极情绪）的形容词，词汇的选择基于中国文化背景，被试对情绪词汇从 1（很少）到 5（非常多）进行感受程度评估，信度 0.89~0.92 |
| 3 | 基姆、帕克和黑德里克 | 积极情感量表 | 6 | 基于 PANAS 的简化描述，包括 happy、enthusiastic、active、concentrating、confident、interested；用作每日经验取样法采集数据（$\alpha = 0.90$） |

### 2.6.3 积极情绪的作用机制及结果研究

（1）积极情绪的形成及作用机制。

根据积极情绪建构—拓展理论（the broaden-and-build theory of positive emotions），积极情绪能扩展个体的瞬间思维活动序列，能在一般条件下促使个体冲破一定的限制而产生更多的思想，扩大个体的注意范围，增强认知灵活性，更新和扩展个体的认知地图。基于此，积极情绪能够通过建设个体心理资源，为个体创造适应社会的有利条件而提高个体适应力。

在关于积极情绪的产生和促进方面，古银华等在探讨包容型领导与工作绩效之间的关系时指出，包容型领导风格有利于营造包容和谐的组织氛围，并通过积极鼓励和充分肯定员工贡献，让个体产生积极情绪。柳波默斯基（Lyubomirsky）和克恩（King）研究发现，当刺激物能够满足个体的需要时，个体就会产生积极情绪。在非工作状态下，比如进行某些休闲活动时，个体能够通过能量恢复等塑造健康感知，或者通过满足人们对休闲社交的需要而促进满足和满意，进而产生积极情绪。弗雷德里克森（Fredrickson）提出了 4 种促进积极情绪的方法，即探正意（find positive meaning）、寻开放（be open）、行善事（do good）和广社交（be social）。其中，前 2 种策略更强调内部改变，而后 2 种策略侧重于个体在外显积极行为上的改变，进而影响积极情绪。

积极情绪被认为具有影响工作记忆和信息加工方式的功能。当个体对概念的表征通过相关的记忆网络与情绪状态产生联结时，情绪体验会自发地浸润到相关的构建与记忆中，进而促进了个体保留、转变、整合心智中信息能力的功能，这有助于增加个体认知灵活性和新构想的原创性，有助于提升创造力。此外，情绪还具有影响信息加工方式的功能，处在积极情绪下的个体倾向于追求满意化的结果，采用启发式的信息加工模式，自上而下地整合加工的策略，依赖已形成的知识结构，较少注意加工对象的细节，从而有助于思维的发散性。

（2）积极情绪的影响结果研究。

从影响结果来看，不同的积极情绪可能还与某些有特殊关联的行动有密切联系。比如，快乐的积极体验会让人放轻松、以积极的态度对待事物、对未来充满希望，而满意的积极体验会加强人们对当前状态的一种肯定，自豪的积极体验会产生一种迫切想要分享成功的愿望感等。基于此，大量研究探讨了积极情绪的积极作用。

研究不仅验证了员工积极情绪水平能够预期后来受到的管理者的高度评价和薪金增加，能够预期后来受到管理者、合作伙伴的更多社会支持等，还证实了有效工作行为源于其积极工作状态的观点。除直接作用与预测结果之外，研究还发现，积极情绪不仅能够促使认知方面的问题得到解决，比如提高了决策效率和执行率等，还同样能够促进人际方面的问题得到解决，比如如何更有效达成协商与谈判的目的等，还能使谈判者想出更多的问题解决策略。

同时，由于组织内个体的积极情绪是可以相互感染和传递的，因此在组织中营造良好的、和谐的氛围至关重要。比如在销售领域，商店服务员的积极情绪对顾客的购买决策是有感染性影响的，这种现象也被称为服务的高情绪价值。不仅如此，服务员的积极情绪还能触发其内部神经机制，提升其自身的认知灵活性、创造性等，提高其工作效率和质量。

（3）积极情绪的作用机制及结果研究小结。

综上，现有研究指出，积极情绪没有明显的原因，也缺乏明确的认知成分，但却具有影响工作记忆和信息加工方式的功能。大量研究证实了积极情绪能够促进帮助行为，加强人际联系，维护人际资源，并且还能够提高个体的应对水平，促进其社会适应程度。具体而言，当个体由于体内外刺激、事件满足个体需要而产生了积极情绪，这种愉悦的感受已经被证实可以增强个体认知的灵活性，更新和扩展个体的认知地图，即情绪不具备认知成分但可以促进个体认知。此外，费雷德里克森的研究指出，行善事、广社交能够有效促进积极情绪的产生，这些都为我们关于角色外人际互动为什么会产生积极结果提供了情绪路径的解释依据。此外，本书从资源的视角指出，积极情绪能够建设个体的心理资源，并为个体的社会适应准备有利的心理条件。因此，无论是从情绪扩散还是资源建设方面来说，积极情绪对个体正向行为和工作结果的正向影响已经得到多方面证实。

## 2.7 政治技能

### 2.7.1 政治技能的概念

普费弗（Pfeffer）在 1981 年最早提出了"政治技能"这一概念，之后众多学者对这一概念进行了界定。大部分研究从能力观上界定政治技能，明茨伯格（Mintzberg）认为，若将组织视为政治舞台，那么个体的政治技能便是指通过劝说、感化和控制等人际策略来影响他人的能力。布拉斯（Brass）和伯克哈特（Burkhardt）指出，政治技能是个体的一种与他人有效互动的特殊能力。阿赫恩（Ahearn）等将政治技能定义为个体成功驾驭组织必须具备的社会技能和交际能力。此外，政治技能还涉及人际风格观。例如，弗里斯（Ferris）等将政治技能定义为一种人际风格，认为政治技能高的人能够根据情境需要展现自身的信心、信任、真诚、真挚等魅力型人格。在工作中，政治技能高的人知道在不同的社会情境下该做什么。更进一步，从资源观的角度出发，费里斯等还指出政治技能是一种个人资源。比如，当个体面临组织环境威胁或机会时，政治技能可以帮助其获得有价值的组织资源。

现有研究一般倾向于采纳费里斯等对政治技能的定义，即政治技能是个体的一种能力，它使个体可以在工作中有效理解他人，并运用这种理解去影响他人，从而使他人按照有利于组织或个体目标的方式行动。更重要的是，费里斯等的定义揭示了政治技能能够在员工之间的互动与交往中施加影响。

根据费里斯等的研究，政治技能的内涵可以从四个方面加以解读：社交敏锐性，即具备政治技能的人在社交中是一个敏锐的观察者，并且非常热衷于参与到不同的社交场合之中；人际影响力，即具备政治技能的人有着吸引人的个人特质，并且能够对他们身边的人施加强有力的影响；关系网络能力，即具备政治技能的人非常擅长建立和使用不同的人际关系网络；外显真诚性，即具备政治技能的人能够在他人面前表现出高度的正直、可靠与真诚。为此，高政治技能的员工被认为具有通过影响他人从而实现自己目标的能力。

近年来，国内学者也开始对政治技能的概念进行本土化探索。柳恒超和金盛华采用半结构性访谈，探讨了中国文化背景下的政治技能结构，认为懂得变通、关系经营、人际敏锐、表现真诚与面子和谐是中国情景下政治技能的主要内容。林忠和孙灵希采用关键事件内容分析和编码归类等方法，总结了本土政治技能构念，并验证了本土政治技能对组织承诺、工作绩效、个人声誉、领导—成员交换和工作投入均有积极的解释作用。张学艳等通过深度访谈和实地调查探索了中国文化情境下创业者政治技能的内涵，挖掘出创业者政治技能，包括政治环境敏锐、创业网络能力、人际关系影响、权力运用能力四个维度，并开发了相应的测量工具。

### 2.7.2 政治技能的结构与测量

对政治技能结构的认识与测量是一个渐进的发展过程。费里斯等在1999年开发了 6 项政治技能单维度量表（political skill inventory），对政治技能的主要方面，如理解和影响他人的能力进行了初步探索与测量。随着对政治技能概念的理解和发展，费里斯等提出了政治技能的四维度结构，并编制了18个条目的政治技能量表。在此基础上，柳恒超等在中国组织情境下，考虑人情和关系等因素，编制了5维度、22条目的中国文化下组织政治技能量表。研究中常用于测量政治技能的量表见表2-7。

表2-7　现有研究中主要采用的政治技能量表

| 序号 | 开发者 | 名称 | 题项 | 说明 |
|---|---|---|---|---|
| 1 | 费里斯等 | 政治技能量表 | 6 | 单维度（α=0.78） |
| 2 | 费里斯等 | 政治技能量表 | 18 | 四维度：社会机敏性、人际影响力、网络能力、外显真诚性（α=0.89） |
| 3 | 柳恒超和金盛华 | 中国文化下组织政治技能量表 | 22 | 五维度：处事圆通、关系经营、人际敏锐、表现真诚、面子和谐（α=0.892） |
| 4 | 陈和林 | 政治技能量表 | 15 | 四维度：社交机敏性、人际影响力、网络能力、外显真诚性（α=0.92） |
| 5 | 林忠和孙灵希 | 中国组织情境下政治技能量表 | 19 | 五维度：和谐人际、面子经营、权术运用、能力型社交和形势机敏性（α=0.76） |
| 6 | 路燕利 | 中国文化背景下员工政治技能问卷 | 14 | 三维度：情感表达、人际关系与情景理解（α=0.80） |

注：α为内部一致性信度系数。

### 2.7.3　政治技能的作用效果

组织成员的政治技能能够使其成功适应组织政治环境，增强组织凝聚力，从而激励员工积极主动地实现组织目标。而政治技能高低会直接影响个体在组织中的政治行为和政治认知。许多研究证实了政治技能对工作绩效具有促进作用，包括团队绩效、个体绩效、关系绩效和任务绩效等。在比较了自我控制、情绪智力和领导效能对管理工作绩效的影响后，研究发现政治技能是对个体工作绩效最有力的预测因子。在非绩效方面，有研究表明，政治技能可以影响员工的工作满意度、工作紧张、个人声誉、组织支持、角色紧张和组织公民行为等。另外，实证研究还表明，政治技能对个人声誉、下属逢迎、印象管理、员工职业发展、职场排斥等有积极影响。刘和费里斯指出，政治技能是一种提升员工工作绩效和组织竞争优势的积极力量，应该予以重视。

组织工作环境中存在着频繁的人际互动，这给那些本就擅长通过施加人际影响来维持、加强或改善自己在工作场所中的处境，回避消极影响的人提供了机会。事实上，每个人都具有一定程度的政治技能，即理解他人并运用相应知识去影响他人，以达成自身或组织目标的能力，而员工的政治技能是他们在组织政治情境中提高工作绩效水平、维持职业生涯发展的重要条件。具有高政治技能水平的个体善于理解他人和情境，并以此产生人际影响力。因此，政治技能可能是一种影响互动的关键调节变量。

因此，一些学者也对政治技能的调节作用进行了研究，如政治技能在领导成员交换与职业成功之间的调节作用，政治技能在人格特质与工作绩效之间的调节作用等。

综上，政治技能作为一种重要的组织社交适应能力，其水平能够对组织成员的工作行为和结果产生重要影响。因此，在本就注重和谐人际关系的本土组织情境中，政治技能很有可能在角色外人际互动对工作绩效的影响中起到某些调节作用。

## 2.8 关系型自我构念

### 2.8.1 关系型自我构念的概念

布雷克勒（Breckler）和格林沃尔德（Greenwald）最早提出了自我构念中区别于个人主义和集体主义的关系维度的考量。克罗斯等基于"独立—互依"的自我建构理论进一步指出，自我建构的类型还应该包括与他人的关系这个维度，由此明确提出了"关系型自我构念"（relational-interdependent self-construal，RISC；relational self-construal，RelSC）。

作为对早期"自我图式"研究的继承和发展，关系型自我构念描述了个体依据与他人的亲密关系来定义自我的一种认知，被认为是一种发展与他人亲密关系的动机来源。区别于强调表现自我、与他人保持独立的独立型自我构念，也不同于强调关注他人、与所属群体保持和谐关系的互依型自我构念，关系型自我构念更强调个体与他人的关系，并将与自己有关的重要或特定的他人及其关系纳入自我概念系统，以建立与发展和他人的良好关系作为思考问题和行为的基本准则。关系型自我构念也可以被视为互依型自我构念的一种特殊形式：互依型自我构念更多针对处于内群体中的关系，是一种"类别"区别；关系型自我构念更多地针对的是成对的特定关系，是一种"关系"区别。尤琪（Yuki）等的研究表明，东亚的内群体倾向于基于关系作为区别，因此受东亚文化影响下的个体大多以"关系型自我构念"建构自我；而西方群体则基于内群体和外群体之间类别作为区别，因此在对自我建构的过程中，倾向于区分"独立我"和"互依我"。

从文化角度看，东西方的文化差异导致了个体对自我的探索的巨大差异。西方哲学强调个体通过自我身份或认同来关注和认识自己，而东方哲学则强调自我与他人的关系在认识自我中的重要作用。这种不同文化取向的自我哲学观表明，西方文化下的自我是一个与他人界限相对分明的行动主体，一般不随社会组群或环境的迁移而发生明显的改变；而东方文化中的自我则是一个对社会文化的传承沿袭和表征，并会因情境变化而激发不同的自我认识，个体从与关系密切的他人的关系中对自我进行理解。基于此，为了充分体现具有人际"关联性"与个人"独特性"的双重需求，本书认为关系型自我构念是一个能够在一定层面表征本土文化对个体自我认识的建构观点。

### 2.8.2　关系型自我构念的结构与测量

对于关系型自我构念的测量，现有研究大多采用克罗斯等编制的 11 个题项的单维度量表（relational-interdependent self-construal scale，RISCs），见表 2-8。该量表通过直接测量个体从自我与亲密他人的关系中建构自我的程度，来表征个体自身对于重要关系的认识。此外，国内学者黄远玲、陈朝阳和王鑫也对该量表进行过翻译、修订和检验。

表 2-8　现有研究中主要采用的关系型自我构念量表

| 序号 | 开发者 | 名称 | 题项 | 说明 |
|---|---|---|---|---|
| 1 | 克罗斯等 | Relational-Interdependent Self-Construal Scale，RISCs | 11 | 单维度。样本题项包括"我的亲密关系是我是谁的重要反映"；（$\alpha = 0.98$） |

表2-8(续)

| 序号 | 开发者 | 名称 | 题项 | 说明 |
|---|---|---|---|---|
| 2 | 黄远玲、陈朝阳和王鑫 | 中文版关系型自我构念量表 | 8 | 是对 RISCs 进行的中文翻译，并删去了其中 3 个原始条目；（$\alpha = 0.8079$） |

### 2.8.3  关系型自我构念的作用效果

具有高度关系型自我构念的个体更有可能发展与表现出支持亲密关系的社会行为。当人们对关系有积极的联想时，他们更有可能对发展新的关系有一个接受和开放的立场。关系型自我构念会影响或左右人们是否要参与到某些重要关系的判断。对具有高度关系型自我构念的个体来说，关系对于自我定义、自我表达和自我提升至关重要，他们更倾向于发展、加强和维持与重要他人的和谐互动与亲密关系，并且比其他人更有可能拥有密集的关系构念认知网络。与此相对，低关系型自我构念的个体认为自己独立于人际关系之外，认为人际关系对自我实现和自我满足的必要性更小。

研究表明，关系型自我构念可以极大地影响人际偏好和过程。高关系型自我构念的组织成员通常会优先考虑发展和维持自定义关系的连通性的目标，这些个体更有可能在决策过程中考虑他人，促进公共规范，如制定适当的行为和培养互动者。与低关系型自我构念的个体相比，高关系型自我构念的成员更重视与他人的联系和相互依赖，他们被鼓励通过一些行为来促进和维持与他人的互动，比如考虑他人的需求和愿望，同情他人的感受。

个人如何定义自我会影响他们的想法、感受以及与他人的互动。当关系型自我构念被长期激活或实验启动，个体会认为自己与互动的对象相似，从而与对方形成一种联系感。研究指出，关系型自我构念可以预测人际关系质量，包括积极的情感。研究表明，关系型自我构念正向调节了职场友谊对关系能量和人际公民行为，并能强化与组织同事间的人际交往。

综上所述，在中国组织情境中，关系型自我构念比互依型自我构念可能更符合当前一般层面的本土文化情境中的自我界定。因为中国人对与亲密他人关系的认识在某些时候影响着自我的认知，个体在不断构建自我认知的过程中，不断纳入与重要他人的关系构建与解释，并从与他人的关系中对自我进行理解。这样的自我认知方式也会迁移到组织情境中。如在组织研究中的"差序氛围"所解释的"圈内圈外",其并非一组类别概念而是数对关系强度的概念。基于此,关系型自我构念可能是解释角色外人际互动如何产生差异化作用效果的关键的、体现本土文化与个体特征的条件变量。

## 2.9 综合述评

本章围绕以下三个基本问题进行了理论梳理与文献综述:①角色外人际互动的概念内涵和结构维度是什么、如何测量?②角色外人际互动如何影响工作绩效?③存在哪些边界条件会增强或替代角色外人际互动对工作绩效的作用?

本章对围绕角色外人际互动的角色理论、边界理论和相关概念,以及认知情感系统理论、归属需求理论、情感事件理论、工作绩效、工作激情、积极情绪、社会接纳、政治技能和关系型自我构念等与本书相关的文献进行了梳理。在梳理过程中逐渐明晰了现有研究的不足和本书的研究方向,从文献角度进一步梳理了本书的逻辑框架和理论基础。

第一,角色理论和边界理论已经对组织情境下个体的角色行为界定及其角色边界转换提供了一定的理论解释,但是却鲜有研究提出并探讨角色外人际互动的存在形式及其概念内涵。现有文献大多将互动频率或相互作用的程度等同于互动强度或互动质量,却很少分析这些互动可能有哪些形式或内容,以及这些互动的形式或内容差异,其背后动机或情境的差异,以及这些互动形式所导致的不同结果等。此外,现有关于角色行为和互动的文献中,研究者并不直接关心或研究这种基于"职缘"关系的、非任务导向的"事件"及其对组织的积极作用,而更多关注类似事件造成的负面影响,如由于过度互动或不当互动造成的社会排斥、反生产行为等,使得以此为基础的管理建议更多是控制性"干预策略"。相比之下,本书在立意上更具有正向意义,以及本土情境性和实践价值。因此,在中国组织情境下提出并系统研究角色外人际互动的概念内涵,是为进一步认识、辨析、测量角色外人际互动及其影响的基础,是本书需要解决的首要问题。

第二,在界定角色外人际互动概念后,如何测量角色外人际互动也是现有研究的难点和重点,且少有研究从互动内容或属性进行过系统辨析。由于角色外人际互动内容的多元性和情境依赖性，即便是相同的行为但也可能是不同动机的表征。比如，下班后的聚餐可能是为了放松心情、联络感情，也可能是寻求认同和归属，还可能是某种任务要求。这些动机差异会使得互动的目的、性质和感受发生变化，并影响其对是否是角色外人际互动的判断，因此对角色外人际互动的测量绝非某种单维度的表面行为捕捉。现有相关研究中，除实验研究会编码相关互动的行为动机或其他信息，其余研究大多是从整体层面让个体评价是否会有高频率的互动，而聚焦角色外人际互动的相关测量更多是在其相关概念非正式互动方面。这在一定程度上影响了对角色外人际互动的认识和测量。因此，在对角色外人际互动进行文献研究的基础上，结合访谈等形式开展质性研究并进行概念的测量工具开发，是科学认识角色外人际互动及进一步探讨其后续作用机制的关键。

第三，基于中国组织情境的角色外人际互动可能产生哪些积极的作用，以及可能有哪些不同的作用机制，目前的研究尚不明确。归属需求理论强调了个体将归属需求作为其建立和维持人际关系的需要而进行互动，情感事件理论强调了互动作为事件通过引发相关情感反应，进而影响个体工作态度，这些理论虽有坚实的基础和研究支撑，但是似乎都只是从某种单一的视角来解释作用机制。尽管许多研究已经探讨过对本土文化和情境的关注，也对在倾向以他人、情境、社会关系等定义自我的社会文化环境中，开展过相关人际交往行为和模式的本土研究，但都尚不能从整体层面多维度阐释中国组织情境下角色外人际互动对工作绩效可能存在的主要作用路径。虽然认知情感系统理论提出了个体特质能够与情境特征产生交互影响，并驱动个体在认知、情感和行为表现上产生差异，但其研究框架又缺少在认知和情感到行为的后段作用解释理论支撑。为此，本书将基于认知情感系统理论，同时构建认知和情感两条路径，并探讨工作激情作为一种"综合倾向"在认知评估、情感反应和行为选择中的链式中介作用，试图从多重并行机制出发，反映角色外人际互动对本职工作及人际公民行为的作用效果。

第四，现有关于人际互动及其作用的研究中，对基于本土文化背景的个体自我认知和人际能力特征的调节效应及其差异化作用效果的关注不足。现有研究关注独立自我和互依自我的自我范式较多，而对关系自我作为调节机制的研究尚不充分和深入，尤其是在中国组织情境下。本书认为，关系型自我构念比互依型自我构念，可能更符合当前本土文化情境中的自我界定。因为中国人对与他人，尤其是亲密他人关系的认识，在某些时候影响着对自我的认知。此外，已有较多研究探讨政治技能甚至探讨过本土政治技能对行为和绩效的作用，主要体现在强化作用，即高政治技能水平的个体，其不论是直接影响，还是作为调节因子，都会强化对工作结果的积极促进。然而，政治技能是否也能强化角色外人际互动对工作绩效中的中介机制呢？综上，本书认为，若要系统阐释在中国组织情境下角色外人际互动的作用机制，还需要考虑探索基于关系的自我认知和人际能力的相关边界条件，即在整体研究模型中还应该考虑关系型自我构念与政治技能的调节作用。

相关文献梳理与本书拟研究内容的关系见图2-2。

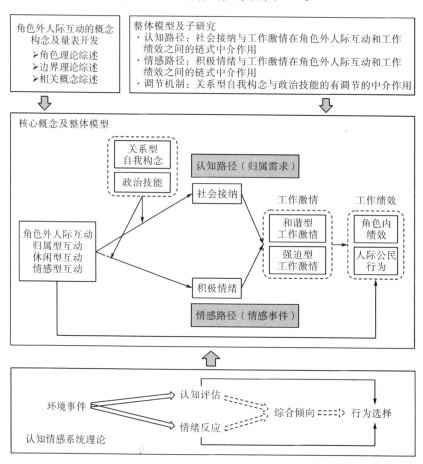

图2-2  相关文献与拟研究内容

# 3 角色外人际互动的
# 概念结构与量表开发

## 3.1 角色外人际互动的概念及其结构维度探索

为探索角色外人际互动的概念内涵和结构维度，本章将首先深入到管理实践中开展深度访谈，并采用质性研究方法进行编码分析。

### 3.1.1 编码研究方法、思路与准备

#### 3.1.1.1 基于经典扎根理论的研究方法与程序

本章主要运用质性研究中的扎根理论方法对角色外人际互动开展概念内涵及其结构维度的研究。扎根理论方法最早由格拉泽（Glaser）和施特劳斯（Strauss）于 1967 年提出，是一种通过编码方式分析研究资料，并形成相关理论建构的研究方法，被广泛应用于社会科学研究，尤其是对新构念的探索、新理论的构建等方面的研究。在使用扎根理论进行研究时，研究者需要与研究资料互动，研究者对研究资料的解读与阐释，在很大程度上影响着研究结论。因此，扎根理论对于研究参与者是有一定要求的，同时，其研究结论也具有充分的自由与弹性。

为了探寻较为可靠的研究结论，扎根理论的方法论研究者们对核心程序"编码"进行了多种探索。其中，被认为已经成为主流的操作程序有三种：更加关注资料自然涌现的"经典扎根编码程序"、更加强调研究者对资料解读的"程序化编码"、相对折中并认为编码应该保持主客观统一思想的"建构型编码"。从这三种程序被引用的次数来看，经典扎根编码程序得到了更多的应用。本书采用经典扎根编码程序对核心概念角色外人际

互动的内涵进行探索。这样选择主要是为了使研究所反映的事实更加客观，避免研究者因经验误差等导致的研究关注点偏移，以尽可能反映研究资料所呈现的内容。

使用经典扎根编码程序，需要在明确研究问题和完成研究数据收集后，依次开展三个阶段的编码：开放性编码、选择性编码和理论性编码。每一轮编码都需要有资料可依循、可追溯。这也是对研究误差的控制。

3.1.1.2　质性研究数据准备与收集

本书中的质性研究数据主要是通过访谈收集的一手数据。访谈方式包括面对面访谈、语音访谈和书面访谈等。下面将对访谈资料的准备与收集情况做介绍。

（1）正式访谈前准备。

为了提高访谈资料的多元性，增强研究信息的饱和度，根据理论抽样要求，在开展正式访谈前，研究人员对访谈对象进行了相关界定与要求。首先，受访者应该具有组织工作的经历，因为自由职业、未就业状态可能很难具有与同事领导多元化互动的经历，或者即便与有工作联系的相关人员产生某些互动，但可能由于联系的不稳定性而难以反馈对角色外人际互动的后续感受。其次，受访者应该来自具有差异情境的本土组织，因为不同类型的组织其工作结构、工作氛围和要求等有显著差异，对于某些任务重、岗位任务独立性高的组织成员，与工作弹性大、岗位互依性高的组织成员，其对角色外人际互动的参与和反馈也可能有较大差异。最后，受访者应该尽量有较为广泛的地域分布。即便本书关注中国组织情境，不同地区经济社会发展的差异、人们工作方式和思想的差异仍然是存在的，因此若受访者过于集中，则不利于编码资料收集的饱和度和代表性。

在明确访谈对象的纳入原则后，本书还对参与访谈的人员进行了会谈与培训。参加访谈的人员共有4名，均具备管理学领域研究背景，其中有2名高校教师和2名研究生。由于角色外人际互动概念与某些相关相近概念既有关联又有区别，在开展正式访谈前，访谈人员以会议形式进行讨论，在明确形成对概念边界内涵的一致性认识后，形成了层层递进的半结构化访谈提纲。为了确保访谈的自然流畅，研究者还经过了必要的访前培训，包括沟通技术、隐私声明、资料转录和时间控制等细节要求，并对访谈提纲进行了进一步熟悉与优化。

（2）开展正式访谈。

正式访谈共持续了大约 6 个月。最先开始的是线下访谈，访谈对象为有工作联系的同事或有研究课题往来的其他组织机构。这部分访谈较为深入，除了预设的提纲外，还邀请受访者讨论了他们如何看待角色外人际互动的作用和意义等。为了提高研究资料的多元化程度，在此基础上，研究人员还采用微信、电话等方式语音访谈了少数位于东南和东北个别省份的组织成员，主要围绕研究提纲进行访谈。这两种方式的访谈为本书提供了较为丰富和翔实的编码资料。为了进一步扩大受访者覆盖面，研究人员还采用了其他方式进行书面访谈，包括委托校友、招募志愿者等形式。书面访谈时，研究人员主要围绕半结构化访谈提纲，邀请受访者根据实际情况填写。由于书面访谈可能带来信息精简、编码信息不充分的问题，为尽可能收集到更多的描述性信息，进行书面访谈时，研究人员还对参与人员提出了对访谈提纲中的每个问题至少提供不少于 100 字的文字描述建议。

首先，不论采用哪种访谈方式，研究人员开展的是对研究主题或访谈者的介绍，这能够让受访者明确即将讨论的话题焦点。其次，研究人员对访谈的匿名和隐私条款进行说明，在需用录音作为记录方式时，先征得受访者同意后，再开启录音功能。在确保受访者能够进入访谈状态后，研究人员才开始正式访谈。

本书的访谈内容包括个人基本信息和 7 个主要问题。对个人基本信息的设定和记录主要是遵循在访谈准备时确定的原则，并作为检验是否符合研究对象的指标。受访者需要报告的基本信息包括性别、年龄、受教育水平、组织工作年限和组织类型，在记录并确认受访者基本信息符合访谈对象要求之后，围绕以下问题进行正式访谈：①在工作场所，您通常采用哪些方式与同事或领导进行互动？请举 1~2 个例子，介绍您和同事（领导）之间自发的人际互动行为。②除了刚才举出的例子，您还认为，哪些可以算得上是工作要求之外的人际互动，请您尽可能把想到的都说出来/写下来，最好能够对其中您感兴趣的 1~2 个做一些阐释。③您是如何看待与同事（领导）之间，并非工作要求使然，但还是存在人际互动的现象？④您觉得在什么情况下，自己会参与到这样的人际互动中？⑤在与同事（领导）进行支持性互动后，比如表达关心、解决困难、交流信息等，您感觉如何？为什么会有这样的感觉？⑥您认为，与同事（领导）进行任务之外的互动，对您的工作状态或工作感受有什么积极的影响？⑦您认为，与同事（领导）的互动越多，对自己哪些方面的工作越有促进作用？在完成访谈之后，在适宜的情况下，访谈者会对受访者表达感谢，赠送纪念品或兑现奖励性承诺。

（3）访谈控制措施。

在实施线下访谈时，研究人员会根据实际情况选择就近就便的访谈空间，有的时候为专用访谈会议室，有的时候为户外的安静场所，这样选择是为了尽可能为访谈创造有利于受访者感到安全、私密和舒适的空间，同时也能够有利于满足访谈录音的清晰性、记录和追问等要求。访谈时间通常会提前与受访者约定在具体的时段，通常为午间或餐后休息时、下班时或周末，以避免访谈对受访者的工作或生活造成干扰，也可以在一定程度上避免因此导致的访谈质量降低或信息获取不充分。进一步地，对访谈时间也进行基本控制，每次按照 30~40 分钟为参考，提前告知受访者并与其确认。在具体访谈时，研究人员会首先对访谈目的和背景进行基本介绍，让受访者知晓并进一步理解即将展开讨论的话题。接着，研究人员会适时开展一些围绕角色外人际互动为主题的闲聊，如"工作日你通常在哪里就餐"等问题，这类问题既可能会延展出后续追问问题，类似"哪些人会一起吃午饭""还会不会……，为什么会……"等，又便于受访者迅速进入到访谈主题的场景中。在访谈中，研究人员还会适当运用翻转（flip-flop）技术追问，如受访者说到"每周四下午下班后，我们（几位同事）都会去打 1 个多小时羽毛球后再回家"时，访谈者可能会继续就这个问题追问"在哪些情况下你可能会不参加这些活动/直接回家/继续加班"，从而更准确地把握个体进行角色外人际互动的选择动机和互动意义。

对于进行书面访谈的对象，研究人员则主要通过对访谈提纲的反复修改，以确保问题的准确表述和逻辑关联。在具体表述方面，研究人员也使用层层递进的方式设计问题，如"请举 1~2 个例子，介绍……"等，促使受访者进一步解释前面的意见或表述。同时，访谈提纲中不收集受访者的个人所在单位与职务或其他个人信息，以减少其在填写时的顾虑和信息收集时的粉饰效应。

（4）访谈数据收集完成。

参照张立平和陈向明的建议，本书以资料饱和作为停止资料收集的标准。在操作层面上，研究人员是对新增加的 5 份资料分析后不能提炼出更新的节点信息作为资料饱和的依据，据此计算访谈人数和受访者基本信息。

具体而言，本书在计划的访谈工作期间（2023 年 1—7 月），共完成 48 人次访谈及对应资料的整理记录。主要编码人员 A 在开始访谈并形成访谈资料后，就启动了编码工作。编码人员 A 根据受访时间对访谈样本进行序号排列，在完成 48 份编码资料后，邀请编码人员 B 参与到编码工作中，并由编码人员 B 独立对序号第 44~48 的访谈资料进行开放性编码。待 B 编码完成后，与 A 编码的第 44~48 号访谈资料进行了编码意见交流，针对有不同意见的地方进行了讨论并达成一致意见。随后，由编码人员 B 对编码人员 A 编码的第 1~43 号访谈资料的编码情况进行同意性意见表决。在比较分析最后 5 份资料没有溢出超过前面 43 份资料的新节点后，访谈工作暂告一段落，数据收集完成。表 3-1 是所有受访者的基本信息，在地理分布方面，受访者主要来自四川，其余部分来自河北、广东等省份。

表 3-1　访谈人员描述性统计（$N = 48$）

| 变量 | | 人数/人 | 百分比/% |
|---|---|---|---|
| 性别 | 男 | 15 | 31.250 |
| | 女 | 33 | 68.750 |
| 组织类型 | 政府部门 | 2 | 4.167 |
| | 事业单位 | 6 | 12.500 |
| | 国有企业 | 12 | 25.000 |
| | 民营企业 | 28 | 58.333 |
| 学历 | 专科及以下 | 3 | 6.250 |
| | 本科 | 29 | 60.417 |
| | 研究生及以上 | 16 | 33.333 |
| 年龄 | 20 岁（含）以下 | 0 | 0.000 |
| | 21~30 岁 | 23 | 47.917 |
| | 31~40 岁 | 20 | 41.667 |
| | 41~50 岁 | 1 | 2.083 |
| | 51~60 岁 | 4 | 8.333 |

表3-1(续)

| 变量 | | 人数/人 | 百分比/% |
|---|---|---|---|
| 工作年限 | 3 年（不含）以下 | 10 | 20.833 |
| | 3~5 年 | 13 | 27.083 |
| | 6~10 年 | 19 | 39.583 |
| | 11~15 年 | 3 | 6.250 |
| | 16 年及以上 | 3 | 6.250 |

研究人员根据访谈内容整理了文字稿，形成共计 88 778 字的访谈文本，作为编码和概念结构探索的基础资料。

### 3.1.2 基础资料整理与编码

本书的编码工作与访谈工作在时间上有重叠，这是为了更好地开展后面的访谈，并确保访谈资料的饱和度。前面在介绍正式访谈时已对该步骤进行了简要介绍。编码工作最初由 1 人（编码人员 A）进行，在最后收集的 5 份材料编码时，加入编码人员 B，2 位编码人员分别对这 5 份材料进行独立编码。在完成这部分编码后，2 位编码人员对编码结果进行汇总，对意见不同的部分进行了讨论并形成一致意见后，再由编码人员 B 对前面已经编码的初始概念进行赞同性意见反馈，对于"不同意"的部分，经由讨论后确定形成初始编码的最终清单。

#### 3.1.2.1 开放性编码

本书使用 Nvivo 20.0 软件对研究资料进行编码。根据经典扎根理论的编码程序，研究人员首先对整理好的访谈文本资料进行开放性编码。在这个阶段，编码人员 A 独立对编码访谈资料的逐字稿进行逐句理解与编码，将语句中所体现的单个不能再拆分的关键信息作为初始节点予以记录。待编码人员 B 加入编码分析工作后，双方针对意见不一致的部分进行讨论与确定。具体编码过程如下：

（1）获取并整理好编码数据。

综上介绍，研究围绕角色外人际互动开展了多种形式的访谈，其中记录方式有录音、速记和书面填写。针对录音资料，编码人员使用"讯飞听见"App 进行初次转录，并核对转录信息的完整性和表达一致性，对于一些缩写或方言进行了适当调整。针对速记和书面填写资料，编码人员主要校对其信息记录的完整性和正确性。整理好的资料被纳入编码资料库进行下一步的编码工作。

（2）对角色外人际互动的初始化概念编码。

这部分是对原始资料的初始化处理，对于后期解释概念有基础性作用。因此，编码时，编码人员通常在安静无打扰的环境中，通过反复逐句分析访谈资料，形成了若干初始编码的概念节点。本书节选访谈资料中的三段文字材料和初始节点编码作为样例示范编码操作，其中下划线部分为访谈获取的原始文本资料。

受访者 39 号的原始文本资料：我和我的领导王经理都喜欢户外徒步，每个月我们都会安排一次周末徒步活动，邀请同事一起参加。在徒步过程中，我们互相分享各自的故事，徒步结束后，我们会在附近的农家乐享受一顿美食。这些自发的互动让我们在工作之余放松身心，也增进了我们之间的友谊和团队凝聚力。另外，我和同事小李都非常喜欢篮球，我们经常在下班后一起去附近的篮球场打球。在球场上我们不仅是队友还是竞争对手，我们互相学习对方的技巧，互相切磋，打球结束后我们会一起去附近的餐馆吃晚餐，分享当天的趣事，这让我们之间的关系更加紧密，工作也更加愉快。

对受访者 39 号的原始资料进行初始化概念编码的过程如下："我和我的领导王经理都喜欢户外徒步，每个月我们都会安排一次周末徒步活动""我和同事小李都非常喜欢篮球，我们经常在下班后一起约好去附近的篮球场打球"编码为"兴趣小组建立（ET7）"；"在徒步过程中，我们互相分享各自的故事"编码为"倾听与分享（AC3）"；"在附近的农家乐享受一顿美食""打球结束后我们会一起去附近的餐馆吃晚餐"编码为"聚会聚餐（BL4）"；"我们互相学习对方的技巧，互相切磋"编码为"友谊建立与维持（AC7）"；"分享当天的趣事"编码为"分享趣事与感受（AC10）"；"这些自发的互动让我们在工作之余放松身心"编码为"缓解情绪与压力（AC8）"。

受访者 25 号的原始文本资料：在单位，我们不仅是同事，更是一个团队。我们经常分享笑声和轻松的对话，这让工作环境更加愉快和融洽。我们互相支持和鼓励，共同面对挑战和困难。有时候，我们会一起举办小型聚会，庆祝工作上的成就和里程碑。这些活动加强了我们之间的联系，营造了紧密的团队氛围。除了工作，我们还分享生活中的喜怒哀乐。我们互相倾听，交流和分享个人的故事和经历。通过这样的互动，我们更了解彼此，建立起真诚的友谊。这种自发的人际互动行为给予我更多的动力和幸福感。它提醒我，工作不仅仅是完成任务，而是与他人一起创造美好的工作环境。这种默契和团结的力量让我们每一天都变得更加有意义和充实。

对受访者25号的原始资料进行初始化概念编码的过程如下："我们不仅是同事，更是一个团队"编码为"关系建立与需要（BL1）"；"我们经常分享笑声和轻松的对话"编码为"分享趣事与感受（AC10）"；"我们互相支持和鼓励，共同面对挑战和困难"编码为"相互支持与鼓励（AC14）"；"我们会一起举办小型聚会，庆祝工作上的成就和里程碑"编码为"庆祝活动（AC13）"；"除了工作，我们还分享生活中的喜怒哀乐"编码为"分享趣事与感受（AC10）""情感共鸣追寻（AC6）"；"我们互相倾听，交流和分享个人的故事和经历"编码为"倾听与分享（AC3）"。

受访者31号的原始文本资料：在工作之余，我们会就家庭中的事情进行交谈。因为我们领导的家不在本地，领导不常回家，就两个家庭中的事情处理有诸多的困难。小家庭的成员有时候并不特别支持我们领导对母家的帮助。我们领导又是个特别要强的人，家里有些委屈不能跟亲人诉说，只能跟我聊一下。我常常会安慰她，给她心灵上的帮助。我刚刚组建了自己的家庭，有时候也会面临之前没有接触过的家庭矛盾，常常请教作为过来人的领导，寻求她的帮助。例如，有一次我们看好了一个房子，但没有决定买不买，征求了她的意见，她对我们这里的情况比较熟悉，人脉也比较广，她给出的建议是不买，后来经过我们多方考察，发现房屋存在非常严重的问题，就没买。

对受访者31号的原始资料进行初始化概念编码的过程如下："工作之余，我们会就家庭中的事情进行交谈"编码为"类亲情交往（AC5）"；"我常常会安慰她，给她心灵上的帮助"编码为"安慰与表达关心（AC1）"；"常常请教作为过来人的领导，寻求她的帮助"编码为"谈心与深度交流（AC4）"；"但没有决定买不买，征求了她的意见"编码为"追随与认同（BL10）"。

（3）整理形成角色外人际互动概念的编码清单。

在编码人员完成所有访谈资料的编码，并确认资料达到饱和状态后，进一步对所有形成的节点进行梳理与整理。编码人员主要对表述不清、有歧义、有重复表达或确实无法达成一致的意见进行逐一讨论后，得到了与角色外人际互动内涵相关的 307 个原始概念节点，并初步归纳形成了 36 个初始概念。表 3-2 为整理后的 36 个初始概念编码结果、编码来源以及被编码的频次。由于篇幅限制，只呈现部分的原始概念节点的具体来源表述。

表 3-2　角色外人际互动的开放性编码结果

| 序号 | 初始概念 | 初始编码（部分） | 概念频次 |
|---|---|---|---|
| 1 | 关系建立与需要（BL1） | 当我在日常生活中感到孤独，需要与他人建立联系和友谊时，我会主动参与到聚会、社交活动，如结交新朋友等（s45_bl02）…… | 3 |
| 2 | 关系维持或加强（BL2） | 自己在工作上会给予同事更大的关心（s13_bl01）；解决困难时会积极地帮助同事交流信息（s46_bl03）…… | 5 |
| 3 | 关怀表达（BL3） | 我们在闲暇的时候会互相关心或者问候最近的状况，在一起工作就是一家人，就像兄弟姐妹一样，有什么事情大家一起解决（s37_bl02）…… | 2 |
| 4 | 聚会聚餐（BL4） | 工作后聚餐（s05_bl18）；偶尔一起邀约吃饭，经常交流工作以外的消息（s01_bl03）；为了增进团队凝聚力和团队氛围，我们经常在周末或节假日举行聚会（s19_bl01）…… | 19 |
| 5 | 结伴消遣（BL5） | 比如说之前过万圣节，我们就约到一起去，好像是欢乐谷晚上就去那玩了，然后就吃烧烤（s13_bl01）；我们可能会私下一起去玩儿，或者说是我们去看电影、逛街等（s27_bl02）…… | 5 |
| 6 | 陪伴行为（BL6） | 因为我一个人住，经常我又不是一个人回家，也很无聊，我可能也愿意跟他们一起去玩一玩，然后去逛逛街、喝点酒（s13_bl02）；吃完饭遛个弯很不错，在遛弯的途中可以聊很多（s31_bl04）…… | 5 |
| 7 | 组队游玩（BL7） | 我们每年都会一起出去旅行（s11_bl01）；我和同事在组团游玩的时候总是组成一队（s30_bl04）；每个月我们都会安排一次周末徒步活动，邀请同事一起参加（s39_bl05）…… | 6 |

63

表3-2(续)

| 序号 | 初始概念 | 初始编码（部分） | 概念频次 |
|---|---|---|---|
| 8 | 团建活动（BL8） | 我们也会自发组织一些团队建设活动，如户外郊游或晚餐聚会，以提升团队凝聚力（s35_bl06）；公司会不定时地开展一些会议活动或者生日会，让大家可以在一起自由讨论和玩游戏（s45_bl08）…… | 8 |
| 9 | 志愿者角色活动（BL9） | 自发参加社会公益活动，如慈善义卖、环保清洁（s43_bl01）；我们会组织一些志愿者活动，比如参加社区环保活动等（s45_bl02） | 2 |
| 10 | 追随与认同（BL10） | 然后我就和这个好同事一起去网吧对他（领导）进行辅助，我们之间的配合非常默契（s34_bl03）；有些领导喜欢饭后遛弯锻炼身体，如果离得近的话可以约着一起去（s31_bl02）…… | 3 |
| 11 | 参加人文类活动（ET1） | 在体育阅读或者艺术方面，同事们都可以分享共同的兴趣爱好，这样能够增加亲密的关系（s29_et01） | 1 |
| 12 | 相约文娱项目（ET2） | 一起观看电影（s19_et01）；我和同事会经常去参加一些娱乐性的活动（s30_et03）…… | 10 |
| 13 | 闲聊消遣（ET3） | 闲暇之余，有相同话题（s48_et01） | 1 |
| 14 | 棋牌活动（ET4） | 如果你跟同事就是关系比较好的话，私下会打牌（s13_et01），一起玩玩牌（s14_et02） | 2 |
| 15 | 趣味体验（ET5） | 我们很喜欢体验一些有趣的东西，这样能减轻生活和工作的压力，会一起玩游戏，让团队成员在轻松的环境中加深彼此的了解（s45_et01） | 1 |
| 16 | 休闲体验（ET6） | 我喝不惯咖啡，有的时候愿意和同事们过去，只是感受一下氛围和环境（s10_et01）；周末约好一起去购物，购物以后会找一个地方一起吃饭（s21_et03）…… | 10 |
| 17 | 兴趣小组建立（ET7） | 会因共同的兴趣爱好而形成小团体，如运动俱乐部、爱好者、美食家等（s43_et02），以及同事之间组织的自发兴趣小组（s39_et01） | 2 |
| 18 | 兴趣活动参与（ET8） | 在非工作之余有着相同的爱好并且彼此还能有话题，大家能在业余时间友好地一起玩（s34_et02）…… | 2 |

表3-2（续）

| 序号 | 初始概念 | 初始编码（部分） | 概念频次 |
|---|---|---|---|
| 19 | 参加运动活动（ET9） | 一些同事可能会在工作之余组织一些健身活动，如瑜伽课程或晨跑小组（s22_et03）；我和同事都非常喜欢打羽毛球，我们在下班的时候经常打电话联系，一起去附近的一个羽毛球馆打羽毛球（s34_et06）…… | 8 |
| 20 | 组织运动活动（ET10） | 组织户外运动等，让大家能够放松身心，增进彼此之间的友谊（s45_et03）；我和关系好的同事都喜欢打篮球，每隔一段时间我们都会一起去打球（s44_et04）…… | 5 |
| 21 | 安慰与表达关心（AC1） | 我常常会安慰她，给她心灵上的帮助（s46_ac06）；当我表达对同事或领导的关心时，我会感到一种温暖和满足的感觉（s26_ac01）…… | 7 |
| 22 | 表达感谢（AC2） | 我们搬完家，还出去吃了饭，在饭局上，我的同事感谢了大家（s37_ac01） | 1 |
| 23 | 倾听与分享（AC3） | 除了工作，我们还分享生活中的喜怒哀乐（s25_ac01）；我们互相倾听，交流和分享个人的故事和经历（s27_ac02） | 2 |
| 24 | 谈心与深度交流（AC4） | 我和同事一起组织吃饭喝酒唱歌时，我们会互相吐露真心，每次吃完饭后，我觉得我们的关系更进一步了（s37_ac05）；我们的团队每过一段时间就会聚餐，谈心了解并解决彼此或者公司的事情（s34_ac04）…… | 5 |
| 25 | 类亲情交往（AC5） | 工作之余，我们会就家庭中的事情进行交谈（s31_ac01）；还有一个就是，节日的时候我们会互相问候一下（s31_ac02）…… | 5 |
| 26 | 情感共鸣追寻（AC6） | 今天就想跟你聊点事情，我可能就约你出来聊一聊（s13_ac01）；因为自己无聊的时候，会找自己的同事（s46_ac03）…… | 3 |
| 27 | 友谊建立与维持（AC7） | 邀请同事们一起去酒吧、吃饭（s18_ac01）；我和同事都喜欢跑步，每到周末的时候，我们就相约一起出去跑步（s21_ac02）…… | 5 |

表3-2（续）

| 序号 | 初始概念 | 初始编码（部分） | 概念频次 |
|---|---|---|---|
| 28 | 缓解情绪与压力（AC8） | 如果工作上不顺利，产生了分歧，或许可以通过其他途径来缓和，趁着闲暇之余一起去买杯咖啡，聊聊人生，事后或许会说一句"兄弟，你的想法不错，还是用你的吧"（s17_ac02）；有时候工作时间太长了也会聊天放松一下（s31_ac05）…… | 9 |
| 29 | 负面情绪宣泄（AC9） | 当工作不顺利的时候，会跟同事一起吐槽（s17_ac01）；一起吐槽今天工作中不愉快的行为，也犒劳犒劳自己今天一天的辛苦（s30_ac03）…… | 3 |
| 30 | 分享趣事与感受（AC10） | 比如说遇到困难，或者说我这次有一个什么好消息想分享给你（s13_ac01）；我们经常分享笑声和轻松的对话，这让工作环境更加愉快和融洽（s25_ac05）…… | 6 |
| 31 | 分享喜讯与感谢（AC11） | 最近我们办公室的电工，因为考取了技师，请我们整个办公室一起吃了饭（s12_ac01） | 1 |
| 32 | 包容担待（AC12） | 我们学校有一些20多岁，刚毕业过来的老师，她知道我们有几个老师更年期情绪比较严重，他们关心我们这些比较年龄大的老师（s11_ac01） | 1 |
| 33 | 庆祝活动（AC13） | 共同庆祝生日或节日，如组织生日聚会或年末庆祝晚宴（s22_ac01）；有时候，我们会一起举办小型聚会，庆祝工作上的成就和里程碑（s25_ac02）…… | 9 |
| 34 | 相互支持与鼓励（AC14） | 我们彼此分享工作中的困难和成就，互相给予鼓励和支持（s26_ac01）；领导或同事主动询问员工是否需要帮助或支持，比如提供心理疏导或生活上的建议（s40_ac03）…… | 3 |
| 35 | 赞许性交流（AC15） | 在这种闲聊的过程当中，你聊工作以外的事情，比如说你夸他今天的发型不错，然后可能他就会比较高兴，这种情况之下我觉得对关系的促进也是挺有帮助的（s13_ac01）；当他们取得出色的成就或做出突出贡献时，我会坦诚地向他们表示感谢，并及时给予奖励或肯定的言辞（s25_ac02） | 2 |
| 36 | 礼物交换（AC16） | （礼物）虽然只是一个小东西，但是可以增加友谊（s12_ac01）；一些同事过生日的时候，我们都会给她送生日礼物（s35_ac04）…… | 4 |

### 3.1.2.2 选择性编码

根据经典扎根编码程序，编码形成初始概念后，需要对初始概念进行分析与解释，并据此形成选择性编码。选择性编码凝练过程中，编码人员需要对初始概念进行内涵分析，并对两两初始变量的关联性进行比较与解释。编码人员以"提取公因子"的思想对 36 个初始概念的共性部分进行归纳，将体现这些共性意蕴的初始概念纳入一个子集中，形成"子范畴"。该部分工作由编码人员 A 和 B 共同参与，其中编码人员 A 提出归纳提炼方案，编码人员 B 对有异议部分提出讨论。选择性编码过程持续进行，并确保两位编码人员对于范畴的归纳无分歧。

编码时发现，A1_01 和 A1_02 反映组织中角色外人际互动是围绕关系需要、建立、维持与加强方面，因此将这 2 个初始概念合并归纳为子范畴"A1 关系建立与巩固"；A2_01 和 A2_02 反映了非工作要求的同事间关系的接纳，因此将这 2 个初始概念合并归纳为子范畴"A2 接纳促进"；A3_01、A3_02 和 A3_03 反映了同事间工作角色外的结伴、陪伴和组队行为，因此将这 3 个初始概念合并归纳为子范畴"A3 结伴行为与活动"；A4_01、A4_02 和 A4_03 反映了组织成员彼此因对自身角色、身份或关系的认同而进行的互动行为，因此将这 3 个初始概念合并归纳为子范畴"A4 身份或关系认同"；B1_01 和 B1_02 反映了同事间邀约参加文化娱乐方面的活动情况，因此将这 2 个初始概念合并归纳为子范畴"B1 文化娱乐活动"；B2_01、B2_02、B2_03 和 B2_04 反映了同事间因某些消遣性质的共同完成或体验的相关活动，因此将这 4 个初始概念合并归纳为子范畴"B2 消遣体验活动"；B3_01 和 B3_02 反映了同事因共同的兴趣发起的小组建立和活动，因此将这 2 个初始概念合并归纳为子范畴"B3 兴趣小组"；B4_01 和 B4_02 反映了同事之间相约组织或参加的一些运动类项目，因此将这 2 个初始概念合并归纳为子范畴"B4 运动活动"；C1_01、C1_02、C1_03 和 C1_04 反映了同事间基于情感的表达、倾听与交流，因此将这 4 个初始概念合并归纳为子范畴"C1 情感型沟通"；C2_01、C2_02 和 C2_03 反映了同事间在非任务要求下自发的相对深度的交往与联结，因此将这 3 个初始概念合并归纳为子范畴"C2 情感建立与加强"；C3_01 和 C3_02 反映了同事间在情绪纾解方面的互动情况，因此将这 2 个初始概念合并归纳为子范畴"C3 情绪释放与缓解"；C4_01 和 C4_02 反映了同事间趣事、喜事、感受等分享，因此将这 3 个初始概念合并归纳为子范畴"C4 情绪信息分享"；C5_

---

01、C5_02、C5_03、C5_04 和 C5_05 反映了同事间非工作角色要求的情感上的肯定与支持，因此将这个 5 个初始概念合并归纳为子范畴 "C5 支持性情感表达"。综上，在选择性编码分析阶段，一共得到 13 个子范畴，具体信息见表 3-3。

表 3-3　角色外人际互动的选择性编码结果

| 子范畴 | | 初始概念 | |
|---|---|---|---|
| A1 | 关系建立与巩固 | A1_01 | 关系建立与需要 |
| | | A1_02 | 关系维持或加强 |
| A2 | 接纳促进 | A2_01 | 关怀表达 |
| | | A2_02 | 聚会聚餐 |
| A3 | 结伴行为与活动 | A3_01 | 结伴消遣 |
| | | A3_02 | 陪伴行为 |
| | | A3_03 | 组队游玩 |
| A4 | 身份或关系认同 | A4_01 | 团建活动 |
| | | A4_02 | 志愿者角色活动 |
| | | A4_03 | 追随与认同 |
| B1 | 文化娱乐活动 | B1_01 | 参加人文类活动 |
| | | B1_02 | 相约文娱项目 |
| B2 | 消遣体验活动 | B2_01 | 闲聊消遣 |
| | | B2_02 | 棋牌活动 |
| | | B2_03 | 趣味体验 |
| | | B2_04 | 休闲体验 |
| B3 | 兴趣小组 | B3_01 | 建立兴趣小组 |
| | | B3_02 | 参与兴趣活动 |
| B4 | 运动活动 | B4_01 | 参加运动活动 |
| | | B4_02 | 组织运动活动 |

表3-3(续)

| 子范畴 | | 初始概念 | |
|---|---|---|---|
| C1 | 情感型沟通 | C1_01 | 安慰与表达关心 |
| | | C1_02 | 表达感谢 |
| | | C1_03 | 倾听与分享 |
| | | C1_04 | 谈心与深度交流 |
| C2 | 情感建立与加强 | C2_01 | 类亲情交往 |
| | | C2_02 | 追寻情感共鸣 |
| | | C2_03 | 建立与维持友谊 |
| C3 | 情绪释放与缓解 | C3_01 | 缓解情绪与压力 |
| | | C3_02 | 宣泄负面情绪 |
| C4 | 情绪信息分享 | C4_01 | 分享趣事与感受 |
| | | C4_02 | 分享喜讯与感谢 |
| C5 | 支持性情感表达 | C5_01 | 包容担待 |
| | | C5_02 | 庆祝活动 |
| | | C5_03 | 相互支持与鼓励 |
| | | C5_04 | 赞许性交流 |
| | | C5_05 | 礼物交换 |

### 3.1.2.3  理论性编码

经典扎根编码程序的第三个步骤是理论性编码，这是对已经形成的子范畴的进一步解释与归纳。理论性编码通常用于形成对概念的维度解释，是对编码内容的高度抽象和凝练。编码人员在与研究资料比较后发现扎根编码所得的核心范畴在最后编码的 5 份文本资料中已无新范畴的涌出，根据张立平和陈向明关于研究资料饱和的建议，进入到理论性编码环节。

在进行理论性编码时发现，A1、A2、A3 和 A4 这 4 个子范畴所描述的角色外人际互动始终围绕个体在组织中或在组织某个圈子中的身份归属和关系认同，是一种关系导向的互动。基于此，本书首先形成第一个核心范畴，并将其命名为"归属型互动"。

进一步地，B1、B2、B3 和 B4 这 4 个子范畴反映的人际互动内容围绕个体本身的兴趣和关注点，是一种活动导向的互动。与前面的操作类似，本书形成第二个核心范畴，并将其命名为"休闲型互动"。

最后，C1、C2、C3、C4 和 C5 这 5 个子范畴反映了组织个体或群体围绕情绪分享与释放、情感表达与建立等方面的行动表现，是一种情感导向的互动。至此，本书形成第三个核心范畴，并将其命名为"情感型互动"。

据此，本书对角色外人际互动概念探索的编码初步完成。根据经典扎根理论程序，角色外人际互动概念编码形成了 3 个核心范畴，分别是归属型互动、休闲型互动和情感型互动，对应为"关系建立与巩固"等 13 个子范畴，以及 36 个初始概念。最终的选择性编码的结果见表 3-4。

表 3-4　角色外人际互动的理论性编码结果

| 核心范畴 | | 子范畴 | |
|---|---|---|---|
| A | 归属型互动 | A1 | 关系建立与巩固 |
| | | A2 | 接纳促进 |
| | | A3 | 结伴行为与活动 |
| | | A4 | 身份或关系认同 |
| B | 休闲型互动 | B1 | 文化娱乐活动 |
| | | B2 | 消遣体验活动 |
| | | B3 | 兴趣小组 |
| | | B4 | 运动活动 |
| C | 情感型互动 | C1 | 情感型沟通 |
| | | C2 | 建立与加强情感 |
| | | C3 | 释放与缓解情绪 |
| | | C4 | 情绪信息分享 |
| | | C5 | 支持性情感表达 |

从编码资料和编码过程来看，角色外人际互动可以从三个维度进行描述与解释：归属型互动、休闲型互动和情感型互动。从编码所呈现的互动内容及其行为动机来看，这些核心范畴所包含的内容与现有相关概念内涵具有区辨性。

具体而言，归属型互动是一种关系导向的互动，围绕个体在组织中或在组织某个圈子中的身份归属和关系认同，这种互动属于人际层面但非工作任务或工作角色的规范。现有研究主要关注工作场所或组织中的人际互动，包含了部分"关怀表达""聚会聚餐""团建活动"以及关于人际帮助方面的内容，但并未涉及"关系建立与需要""关系维持或加强""结伴消遣""陪伴行为""组队游玩""志愿者角色活动""追随与认同"等互动形式或内容。

休闲型互动是一种活动导向的互动，主要围绕组织成员个体本身的兴趣、体验和关注点，不是一种工具性、功利性的互动。当前对于组织中相关互动方式对工作结果的影响中，包括聊天、八卦、非正式组织等，涉及"闲聊消遣""趣味体验""兴趣小组建立""兴趣活动参与"方面的部分内容，但并未涉及"参加人文类活动""相约文娱项目""棋牌活动""休闲体验""参加运动活动""组织运动活动"等互动形式或内容。

情感型互动是一种情感导向的互动，是组织个体或群体围绕情绪分享与释放、情感表达与建立等方面的行动表现，不仅关注个人的情绪情感，也关心同事的情绪情感。在支持理论和交换理论的互动研究中，涉及"友谊建立与维持""包容担待""相互支持与鼓励""礼物交换""赞许性交流""安慰与表达关心""表达感谢"方面的相关内容，但不完全包括如"倾听与分享""类亲情交往""情感共鸣追寻""缓解情绪与压力""负面情绪宣泄""分享趣事与感受""分享喜讯与感谢""庆祝活动"等互动形式或内容。

### 3.1.2.4　编码小结

本书初步构建了中国组织情境下角色外人际互动的多维构念，即归属型互动、休闲型互动和情感型互动，这三个核心范畴共同构成了角色外人际互动的多元化模式。其中，归属型互动与关系和角色认同有关，具体包括关系建立与需要、关系维持或加强、关怀表达、结伴消遣、陪伴行为、追随与认同等内容。休闲型互动与活动和体验有关，具体包括兴趣小组建立、兴趣小组活动参与、休闲体验、趣味体验、闲聊消遣、参加运动活动、参加人文类活动等内容。情感型互动与情绪情感建立和交流有关，具体包括情感共鸣追寻、友谊建立与维持、缓解情绪与压力、分享趣事与感受赞许性交流、礼物交换等内容。

虽然互动作为一种活动或行为的过程描述，其概念内涵本身可以具有积极和消极的双重内涵，但是访谈人员在访谈过程中发现，可能由于受本土文化或表达习惯等影响，人们对于"互动"的解读通常不包括消极意义的活动或行为，因此提供的编码信息看起来更多是积极面（如关怀表达、情感共鸣等)，但亦有价值中立的部分，如一些休闲活动、兴趣小组的参与等。而对于消极互动，更多可能被解读为某些具体的实践，如公开批评、恶性竞争等。

### 3.1.3　角色外人际互动的结构维度

#### 3.1.3.1　概念界定

本书从角色外人际互动的发生场景、参与对象、互动内容与方式、行为动机及结果等方面进行了梳理，并指出角色外人际互动是组织成员基于以往或当前工作角色关系，在非工作规范要求下，通过调整或超越自身对角色的认知而发起或参与的互动活动。组织成员通过调整或超越自身对角色的认知，从而形成了工作个体或群体间非任务要求的多元化的人际互动方式。这些人际互动可能受对人不对事的"情礼因素"影响，也可能受对事不对人的"义理因素"规范，并且其实施互动的动机不具备明确的工具性导向。

#### 3.1.3.2　维度识别

如前所述，本书采用质性研究中的经典扎根编码程序对角色外人际互动进行了概念内涵和结构维度探索，通过理论编码形成了包含归属型互动、休闲型互动和情感型互动的三个维度。下面将分别对这三个维度进行识别与阐释。

归属型互动是一种与关系和角色认同有关的角色外人际互动，具体包括关系建立与需要、关系维持或加强、关怀表达、结伴消遣、陪伴行为、追随与认同等内容。归属型互动是一种关系导向的互动，围绕个体在组织中或在组织某个圈子中的身份归属和关系认同，这种互动属于人际层面但非工作任务或工作角色的规范。归属型互动体现了个体渴望与组织其他成员或群体建立与维持联系的内在需要，这些互动内容体现了当个体靠近期望接近的组织群体时的倾向性和积极态度，是一种对人际关系建立的需要和具体行动。归属型互动呈现出人们关心稳定、持久、和谐，重视关系建立与维持等特点。

休闲型互动是一种与活动和体验有关的角色外人际互动，具体包括兴趣小组建立、兴趣小组活动参与、休闲体验、趣味体验、闲聊消遣、参加运动活动、参加人文类活动等内容。休闲型互动是一种活动导向的互动，主要围绕组织成员个人的兴趣、体验和关注点，不是一种工具性、功利性的互动。这类互动在前期的研究中较少关注，因其不具备明确的促进、损害组织或工作的成分，是一种相对"中立"的人际互动方式。一些组织可能会以开展团建活动方式推进其中某些互动，进而增强团队凝聚力。但角色外人际互动中所指的休闲型互动主要是从个体角度出发，区别于组织的要求，是组织成员自发组织或参与的相关休闲交流活动。休闲型互动体现出个体关注自身兴趣以及在工作之外的时间与同事进行消遣性互动的特点。

情感型互动是一种与情绪情感建立和心流有关的角色外人际互动，具体包括情感共鸣追寻、友谊建立与维持、缓解情绪与压力、分享趣事与感受、赞许性交流、礼物交换等内容。情感型互动是一种情感导向的互动，是组织个体或群体围绕情绪分享与释放、情感表达与建立等方面的行动表现，不仅关注个人的情绪情感，也关心同事的情绪情感。这些情感既包括强度较低但持续时间较长的心境方面，也包括强度较大但持续时间较短的情绪方面。情感型互动体现了个体能具体感知心境和情绪对自身工作或生活带来的积极或消极的影响，也能推己及人地理解组织中其他成员处在情感中的情绪高涨或低落，并进而产生基于理解和关怀的共情、自身负面情感表达或趣事分享的社会功能特点。

## 3.2　角色外人际互动预试量表的编制

### 3.2.1　角色外人际互动初始量表开发思路及设计

对角色外人际互动的概念及维度探索，为本节进一步开发角色外人际互动测量量表提供了维度和测量条目的重要参考。本节将在此基础上，遵循量表开发的主要流程，构建角色外人际互动的初始量表，依次开展量表条目建立、预测试条目分析以及量表的探索性因子分析，并根据预测试的检验结果进行量表的进一步优化。

### 3.2.2　初始量表的条目建立

量表编制时初始条目的来源方式有多种，较为常用的两种方式为参考相关相近构念的测量工具进行对照改写，或者根据编码资料进行题项的概括性提炼和描述。前者主要针对有关联性的概念或尚未进行质性研究的概念量表开发，后者可用于有质性研究编码资料的量表构建。本书基于对角色外人际互动的访谈和编码，已形成大量关于角色外人际互动的具体化描述，因此将通过对访谈编码所形成的维度及范畴进行题项提炼与扩写，以此建立角色外人际互动的初始量表题项库。

本书围绕角色外人际互动的三个维度，分别对归属型互动、休闲型互动和情感型互动的主要范畴内容进行讨论、提炼与整合。在形成初始题项库后，本书邀请2位人力资源管理研究领域的教授以及2名企业人力资源部门的负责人对最初形成的参考题项进行评估和意见反馈，重点考察题项的代表性和对维度范畴的意义涵盖程度。笔者根据反馈意见对题项内容和表述进行了修改，并在再次征求意见后，形成如表3-5所示的19个初始量表的题项。

表3-5 初始测量题项及维度

| 维度 | 序号 | 题项 |
|---|---|---|
| 归属型互动 | Q1 | 我和同事会组织一些增进友谊的社交活动 |
| | Q2 | 我和同事会组织一些共同喜爱的活动 |
| | Q3 | 我和同事会组织、参加一些放松身心的户外活动 |
| | Q4 | 如果时间允许，我和同事会相约参加一些志愿者活动 |
| | Q5 | 我和同事会分享一些趣事或感受 |
| | Q6 | 我和同事会通过聊天来增加对彼此的了解 |
| 休闲型互动 | Q7 | 工作之余，我和同事因为共同的兴趣爱好建立联系 |
| | Q8 | 工作之余，我和同事会进行一些休闲消遣的活动 |
| | Q9 | 工作之余，我和同事会参加一些休闲娱乐的活动 |
| | Q10 | 工作之余，我和同事会组建一些兴趣小组 |
| | Q11 | 工作之余，我和同事会组织一些小型家庭聚会 |
| | Q12 | 我和同事会就共同关心的话题或爱好进行聊天 |

表3-5(续)

| 维度 | 序号 | 题项 |
|------|------|------|
| 情感型互动 | Q13 | 我和同事会通过聚餐来增进感情 |
| | Q14 | 在重要节日或生日，我和同事会相互问候、送上祝福 |
| | Q15 | 我和同事会因为共同关心的话题建立联系 |
| | Q16 | 有需要的时候，我和同事会彼此表达关心 |
| | Q17 | 当工作取得出色的成就或取得重要进展时，我和同事会相互庆祝 |
| | Q18 | 当工作不顺利或心情不好的时候，我和同事会一起吐槽 |
| | Q19 | 我和同事会就生活中遇到的问题进行交流，寻求彼此的建议 |

### 3.2.3 初始量表数据获取与提纯

形成以上19个题项的角色外人际互动初始量表后，研究人员首先通过第一轮样本进行条目的各项检验和探索性因子分析。以下是具体操作步骤。

#### 3.2.3.1 预测试分析

在预测试阶段，研究遵循量表编制与检验要求，对题项的同质性、适切性等进行统计学上的检验性分析，对未达检验参考值的题项予以调整删除。

（1）预测试数据收集。

初始问卷共有19个题项（见表3-5），采用李克特5点量表方式计分，变量1到5依次为非常不符合、不符合、不确定、符合、非常符合。

预测试分析的数据收集通过网络填写方式收集。其中，委托前期访谈过的受访者向其同事发放线上问卷180份，利用网络平台"见数（Credamo）"招募线上受访者200人。研究人员剔除明显敷衍填答的问卷后，保留359份预测试问卷，有效回收率为94.474%。

根据统计，此次预测试对象为来自四川、重庆、广东、江苏等地的359名组织成员。从描述性统计特征看，该样本对象所在组织类型、学历层次等都具有一定的差异化，年龄处于20~40岁，以中青年为主，并且大多数被调查对象具有5年以上的工作经历，样本代表性适合开展检验。预测试样本人口统计学特征见表3-6。

表 3-6  预测试样本人口统计学特征（*N* = 359）

| 变量 | | 人数/人 | 百分比/% |
|---|---|---|---|
| 性别 | 男 | 139 | 38.719 |
| | 女 | 220 | 61.281 |
| 组织类型 | 政府部门 | 17 | 4.735 |
| | 事业单位 | 39 | 10.864 |
| | 国有企业 | 59 | 16.435 |
| | 民营企业 | 229 | 63.788 |
| | 其他 | 15 | 4.178 |
| 学历 | 专科及以下 | 31 | 8.635 |
| | 本科 | 249 | 69.359 |
| | 硕士研究生 | 53 | 14.763 |
| | 博士研究生 | 26 | 7.243 |
| 年龄 | 20 岁（含）以下 | 11 | 3.064 |
| | 21~30 岁 | 138 | 38.440 |
| | 31~40 岁 | 145 | 40.390 |
| | 41~50 岁 | 33 | 9.192 |
| | 51~60 岁 | 32 | 8.078 |
| 工作年限 | 3 年（不含）以下 | 51 | 14.206 |
| | 3~5 年 | 80 | 22.284 |
| | 6~10 年 | 136 | 37.883 |
| | 11~15 年 | 41 | 11.421 |
| | 16 年及以上 | 51 | 14.206 |

（2）预测试数据分析。

对预测试数据的分析使用 SPSS 23.0 统计软件进行。在进行问卷结构维度检验前，研究人员首先通过决断值法对极端样本中各条目的均值进行差异性检验，以判断条目的基本适切性。通常的程序为：进行正态性检验、对问卷得分在前后 27% 的样本进行高低组分割、采用独立样本 T 检验判断高低组样本的差异显著性。

角色外人际互动预试样本各题项正态性检验见表 3-7。

表 3-7　角色外人际互动预试样本各题项正态性检验（$N = 359$）

| 条目 | 均值统计量 | 偏度 | | 峰度 | | 条目 | 均值统计量 | 偏度 | | 峰度 | |
|---|---|---|---|---|---|---|---|---|---|---|---|
| | | 统计量 | 标准差 | 统计量 | 标准差 | | | 统计量 | 标准差 | 统计量 | 标准差 |
| Q1 | 4.387 | -1.025 | 0.129 | 1.972 | 0.257 | Q11 | 4.259 | -1.364 | 0.129 | 3.114 | 0.257 |
| Q2 | 4.198 | -0.968 | 0.129 | 1.306 | 0.257 | Q12 | 4.440 | -0.671 | 0.129 | 0.407 | 0.257 |
| Q3 | 4.323 | -1.143 | 0.129 | 2.852 | 0.257 | Q13 | 4.421 | -0.828 | 0.129 | 1.241 | 0.257 |
| Q4 | 4.198 | -1.136 | 0.129 | 1.063 | 0.257 | Q14 | 4.351 | -1.051 | 0.129 | 3.076 | 0.257 |
| Q5 | 4.348 | -0.393 | 0.129 | 0.350 | 0.257 | Q15 | 4.382 | -0.827 | 0.129 | 1.882 | 0.257 |
| Q6 | 4.462 | -0.813 | 0.129 | 1.040 | 0.257 | Q16 | 4.382 | -0.532 | 0.129 | 0.373 | 0.257 |
| Q7 | 4.394 | -0.930 | 0.129 | 1.700 | 0.257 | Q17 | 4.412 | -0.536 | 0.129 | -0.152 | 0.257 |
| Q8 | 4.376 | -1.362 | 0.129 | 3.719 | 0.257 | Q18 | 4.432 | -0.959 | 0.129 | 1.269 | 0.257 |
| Q9 | 4.284 | -1.325 | 0.129 | 3.082 | 0.257 | Q19 | 4.209 | -0.965 | 0.129 | 1.804 | 0.257 |
| Q10 | 4.265 | -1.058 | 0.129 | 1.481 | 0.257 | | | | | | |

由表 3-7 可知，角色外人际互动初始量表的 19 个初始条目的偏度系数绝对值小于 3，峰度系数的绝对值小于临界值 10，样本正态性检验通过。研究人员在此基础上进行两独立样本 T 检验，分析结果显示，预测试样本高分组与低分组的得分差异性均达到 0.001 显著水平，说明题项适切。

进一步，研究人员对各条目与问卷总得分的相关性进行检验，以初步验证条目的收敛性和同质性。根据 Churchill 的建议，条目均值与总得分之间的相关系数小于 0.4 时，说明该题项与其他题项的同质性不足，可结合实际情况考虑删除或调整。角色外人际互动初始量表各条目与总分的相关性见表 3-8。

表 3-8　角色外人际互动初始量表各条目与总分的相关性（$N = 359$）

| 条目 | 与总分相关性 | 条目 | 与总分相关性 |
|---|---|---|---|
| Q1 | 0.524 | Q11 | 0.564 |
| Q2 | 0.526 | Q12 | 0.368 |
| Q3 | 0.536 | Q13 | 0.427 |
| Q4 | 0.576 | Q14 | 0.427 |
| Q5 | 0.306 | Q15 | 0.413 |
| Q6 | 0.388 | Q16 | 0.369 |
| Q7 | 0.433 | Q17 | 0.291 |
| Q8 | 0.545 | Q18 | 0.379 |

表3-8(续)

| 条目 | 与总分相关性 | 条目 | 与总分相关性 |
|------|------|------|------|
| Q9 | 0.557 | Q19 | 0.563 |
| Q10 | 0.467 | | |

表 3-8 的分析结果显示,条目 Q5、Q6、Q12、Q16、Q17、Q18 这 6 个条目得分与总分相关系数小于临界值 0.4。结合条目表述和检验参考标准,考虑予以删除,剩余 13 个条目。剩余 13 个条目与总得分之间的相关系数介于 0.413 到 0.576,满足大于 0.4 的参考。

进一步地,研究人员对初始量表的信度变化进行检验。研究人员计算初始量表中各条目删去后的 Cronbach's $\alpha$,若条目删去后,量表的总体 Cronbach's $\alpha$ 值增加,说明该条目影响了量表的可靠性与稳定性,可以考虑删去。统计分析发现,初始量表 Cronbach's $\alpha$ 值为 0.856,大于各条目删去后的 Cronbach's $\alpha$ 值,在此阶段可不删去某个条目。

在对样本正态性和问卷可靠性分析的前提下,研究人员对目前保留的 13 个条目进行探索性因子分析,以检验其结构维度的适切性。研究人员在 SPSS 23.0 中进行因子分析,选择主成分分析法、最大方差正交旋转,提取特征根大于 1 的因子。KMO 和巴特利特检验分析结果见表 3-9。

表 3-9　角色外人际互动预试量表的 KMO 和巴特利特检验 ($N=359$)

| KMO 和巴特利特检验 | | 统计量 |
|------|------|------|
| KMO 取样适切性量数 | | 0.878 |
| 巴特利特球形度检验 | 近似卡方 | 1 181.013 |
| | 自由度 | 78 |
| | 显著性 | 0.000 |

KMO 和巴特利特检验的近似卡方值为 1 181.013,显著性 $p<0.001$。因子分析及载荷情况见表 3-10。

表 3-10　角色外人际互动预试量表的探索性因子分析（N=359）

| 成分 | 初始特征值 | | | 提取载荷平方和 | | | 旋转载荷平方和 | | |
|---|---|---|---|---|---|---|---|---|---|
| | 总计 | 方差百分比/% | 累积/% | 总计 | 方差百分比/% | 累积/% | 总计 | 方差百分比/% | 累积/% |
| 1 | 4.592 | 35.326 | 35.326 | 4.592 | 35.326 | 35.326 | 2.488 | 19.140 | 19.140 |
| 2 | 1.145 | 8.810 | 44.135 | 1.145 | 8.810 | 44.135 | 2.370 | 18.233 | 37.373 |
| 3 | 1.019 | 7.839 | 51.974 | 1.019 | 7.839 | 51.974 | 1.898 | 14.601 | 51.974 |
| 4 | 0.893 | 6.868 | 58.843 | | | | | | |
| 5 | 0.819 | 6.296 | 65.139 | | | | | | |
| 6 | 0.748 | 5.751 | 70.890 | | | | | | |
| 7 | 0.677 | 5.206 | 76.096 | | | | | | |
| 8 | 0.623 | 4.789 | 80.886 | | | | | | |
| 9 | 0.588 | 4.520 | 85.406 | | | | | | |
| 10 | 0.565 | 4.344 | 89.750 | | | | | | |
| 11 | 0.517 | 3.980 | 93.731 | | | | | | |
| 12 | 0.415 | 3.194 | 96.925 | | | | | | |
| 13 | 0.400 | 3.075 | 100.000 | | | | | | |

注：提取方法采用主成分分析法。

由表 3-10 可得，角色外人际互动的 13 个题项共提取了 3 个特征值大于 1 的因子。第一个因子的特征值为 4.592，其中，对总方差的解释率为 35.326%；第二个因子的特征值为 1.145，对总方差的解释率为 8.810%；第三个因子的特征值为 1.019，对总方差的解释率为 7.839%。3 个因子累计方差解释率为 51.975%，大于满足总方差解释率数值 50% 的要求。

通过进一步分析发现，探索预测试样本得到了 3 个因子。除 Q19 旋转后的因子载荷未在编码中预设的情感型互动维度上，其余题项均落入预期维度归类。具体来看，探索性因子分析初步印证了在质性研究部分的编码分析结果，见表 3-11。对其内涵进行解释，其中题项 Q1、Q2、Q3、Q4 落入的第一个因子对应了归属型互动的子范畴；题项 Q7、Q8、Q9、Q10、Q11 落入的第二个因子对应了休闲型互动的子范畴；题项 Q13、Q14、Q15、Q19 落入的第三个因子对应了情感型互动的子范畴。这也从统计上检验了扎根理论编码与维度凝练的结论。

表 3-11　角色外人际互动预试量表的旋转因子载荷（$N = 359$）

| 题项 | | 因子 | | |
|---|---|---|---|---|
| | | 1 | 2 | 3 |
| Q1 | 我和同事会组织一些增进友谊的社交活动 | 0.600 | | |
| Q2 | 我和同事会组织一些共同喜爱的活动 | 0.671 | | |
| Q3 | 我和同事会组织、参加一些放松身心的户外活动 | 0.675 | | |
| Q4 | 如果时间允许，我和同事会相约参加一些志愿者活动 | 0.689 | | |
| Q7 | 工作之余，我和同事因为共同的兴趣爱好建立联系 | | 0.588 | |
| Q8 | 工作之余，我和同事进行一些休闲消遣的活动 | | 0.636 | |
| Q9 | 工作之余，我和同事会参加一些休闲娱乐的活动 | | 0.634 | |
| Q10 | 工作之余，我和同事会组建一些兴趣小组 | | 0.641 | |
| Q11 | 工作之余，我和同事会组织一些小型家庭聚会 | | 0.595 | |
| Q13 | 我和同事会通过聚餐来增进感情 | | | 0.587 |
| Q14 | 在重要节日或生日，我和同事会相互问候、送上祝福 | | | 0.646 |
| Q15 | 我和同事因为共同关心的话题建立联系 | | | 0.685 |
| Q19 | 我和同事会就生活中遇到的问题进行交流，寻求彼此的建议 | 0.529 | | |

经过上述检验，预测试样本基本支持了角色外人际互动量表的结构预设。在对未通过检验的题项进行删减调整后，剩下 12 个题项。接下来，研究人员将开展第二轮样本信息收集，对删减后的角色外人际互动正式量表进行验证性因子分析，以检验量表的有效性。

## 3.3 角色外人际互动正式量表的检验

### 3.3.1 正式量表数据采集

在对初始量表进行探索性因子分析的基础上，对于删减后形成的 12 个题项开展第二轮数据收集与验证性因子分析。研究人员采用李克特 5 点量表方式计分，得到如表 3-12 所示的角色外人际互动正式量表，变量 1 到 5 依次为非常不符合、不符合、不确定、符合、非常符合。

表 3-12　角色外人际互动正式量表

| 维度 | | 题项 |
|---|---|---|
| 归属型互动 | ERI-1 | 我和同事会组织一些增进友谊的社交活动 |
| | ERI-2 | 我和同事会组织一些共同喜爱的活动 |
| | ERI-3 | 我和同事会组织、参加一些放松身心的户外活动 |
| | ERI-4 | 如果时间允许，我和同事会相约参加一些志愿者活动 |
| 休闲型互动 | ERI-5 | 工作之余，我和同事因为共同的兴趣爱好建立联系 |
| | ERI-6 | 工作之余，我和同事会进行一些休闲消遣的活动 |
| | ERI-7 | 工作之余，我和同事会参加一些休闲娱乐的活动 |
| | ERI-8 | 工作之余，我和同事会组建一些兴趣小组 |
| | ERI-9 | 工作之余，我和同事会组织一些小型家庭聚会 |
| 情感型互动 | ERI-10 | 我和同事会通过聚餐来增进感情 |
| | ERI-11 | 在重要节日或生日，我和同事会相互问候、送上祝福 |
| | ERI-12 | 我和同事会因为共同关心的话题建立联系 |

本轮问卷的收集通过网络进行，研究人员在预测试基础上扩大了样本投放范围。研究人员通过校友和熟人圈子进行问卷投放，向 760 名受访者发放了电子问卷，回收后删去明显规律性敷衍问卷，共得到有效分析问卷 715 份，有效回收率为 94.079%。

根据统计，此次正式量表样本中，从描述性统计特征看，该样本对象所在组织类型、学历层次等都具有一定的差异化，年龄分布在 20~40 岁，并且大多具有 5 年以上的工作经验，样本代表性适合开展检验。

正式样本人口统计学特征见表 3-13。

表 3-13　正式样本人口统计学特征（N=715）

| 变量 | | 人数/人 | 百分比/% |
|---|---|---|---|
| 性别 | 男 | 291 | 40.699 |
| | 女 | 424 | 59.301 |
| 组织类型 | 政府部门 | 27 | 3.776 |
| | 事业单位 | 75 | 10.490 |
| | 国有企业 | 113 | 15.804 |
| | 民营企业 | 467 | 65.315 |
| | 其他 | 33 | 4.615 |
| 学历 | 专科及以下 | 65 | 9.091 |
| | 本科 | 503 | 70.350 |
| | 硕士研究生 | 96 | 13.427 |
| | 博士研究生 | 51 | 7.132 |
| 年龄 | 20 岁（含）以下 | 22 | 3.077 |
| | 21~30 岁 | 270 | 37.762 |
| | 31~40 岁 | 292 | 40.839 |
| | 41~50 岁 | 55 | 7.692 |
| | 51~64 岁 | 76 | 10.070 |
| 工作年限 | 3 年（不含）以下 | 116 | 16.223 |
| | 3~5 年 | 145 | 20.280 |
| | 6~10 年 | 257 | 35.944 |
| | 11~15 年 | 88 | 12.308 |
| | 16 年及以上 | 109 | 15.245 |

### 3.3.2　正式量表题项的信度和效度分析

#### 3.3.2.1　信度检验

本轮检验对两个信度指标进行分析。首先，对量表的总体内部一致性信度进行分析，其次，考察各条目与总体问卷的相关系数 CITC。这两项分析主要为了检验正式量表各题项在统计上的一致性与关联性，是进一步验证量表维度构建的前提。

根据内部一致性信度分析来看，角色外人际互动问卷的总体 Cronbach's $\alpha$ 系数为 0.840，表明问卷题项的稳定性和一致性较好。归属型互动、休闲型互动、情感型互动三个维度对应的 Cronbach's $\alpha$ 系数分别为 0.751、0.761 和 0.835，表明各个维度的题项的稳定性和一致性可以接受。此外，各条目总体问卷的相关系数 CITC 均大于 0.4，12 个条目均通过了信度检验，见表 3-14。

表 3-14　角色外人际互动正式量表的 CITC 及信度分析（$N=715$）

| 维度 | 题项 | CITC | 删除项后的 Cronbach's $\alpha$ | 分维度 Cronbach's $\alpha$ | 总体 Cronbach's $\alpha$ |
|---|---|---|---|---|---|
| 归属型互动 | Q1 | 0.573 | 0.824 | 0.751 | 0.840 |
| | Q2 | 0.481 | 0.830 | | |
| | Q3 | 0.497 | 0.828 | | |
| | Q4 | 0.544 | 0.826 | | |
| 休闲型互动 | Q7 | 0.627 | 0.822 | 0.761 | |
| | Q8 | 0.457 | 0.831 | | |
| | Q9 | 0.510 | 0.827 | | |
| | Q10 | 0.470 | 0.831 | | |
| | Q11 | 0.558 | 0.823 | | |
| 情感型互动 | Q12 | 0.437 | 0.832 | 0.835 | |
| | Q13 | 0.497 | 0.829 | | |
| | Q14 | 0.519 | 0.828 | | |

### 3.3.2.2　效度检验

本部分对量表的收敛效度和区分效度进行检验。收敛效度主要反映各个维度的拟合情况，具体方式是构建并分别估计三个维度测量模型的拟合指标。区分效度主要反映各维度在统计上的区分性。

（1）收敛效度分析。

在对收敛效度进行分析时，研究人员使用 Amos 28.0 构建结构方程模型，通过对分维度的测量模型进行估计与拟合检验，反映各维度的收敛效度。模型估计与拟合重点考察非标准化回归系数、标准化回归系数、复合相关系数、标准误、临界比、组合信度和平均方差提取值等指标。

对测量模型的路径系数进行分析可知，归属型互动 4 个题项的标准化回归系数在 0.62 ~ 0.78，大于 0.6，可认为具有较好的收敛效度，见图 3-1。此外，从该潜变量模型的拟合指标来看，Q2、Q3、Q4 的临界比 C. R. 分别为 14.104、13.913 和 14.629，均达到了 0.001 的显著水平；组合信度 CR = 0.771，大于 0.7；平均方差提取值 AVE = 0.458，见表 3-15。

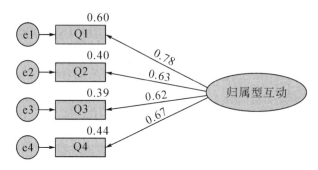

图 3-1　归属型互动的测量模型路径系数

表 3-15　归属型互动验证性因子分析结果

| 维度 | 题项 | 模型参数估计值 | | | | 收敛效度 | | | |
|---|---|---|---|---|---|---|---|---|---|
| | | RW | S. E. | C. R. | $p$ | SRW | SMC | CR | AVE |
| 归属型互动 | Q1 | 1.000 | | | | 0.776 | 0.602 | 0.771 | 0.458 |
| | Q2 | 1.166 | 0.073 | 14.104 | * * * | 0.663 | 0.401 | | |
| | Q3 | 1.009 | 0.073 | 13.913 | * * * | 0.622 | 0.387 | | |
| | Q4 | 1.413 | 0.097 | 14.629 | * * * | 0.667 | 0.445 | | |

注：* * * $p < 0.001$。

从对测量模型的路径系数分析可知，休闲型互动 5 个题项的标准化回归系数在 0.52 ~ 0.83，大于 0.5，可被认为具有能够接受的收敛效度，见图 3-2。此外，对该潜变量模型的拟合指标来看，Q8、Q9、Q10、Q11 临界比 C. R. 分别为 12.641、15.564、12.872 和 16.193，均达到了 0.001 的显著水平；组合信度 CR = 0.780，大于 0.7；平均方差提取值 AVE = 0.421，见表 3-16。

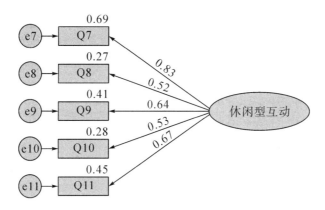

图 3-2　休闲型互动的测量模型路径系数

表 3-16　休闲型互动验证性因子分析结果

| 维度 | 题项 | 模型参数估计值 | | | | 收敛效度 | | | |
|---|---|---|---|---|---|---|---|---|---|
| | | RW | S. E. | C. R. | p | SRW | SMC | CR | AVE |
| 休闲型互动 | Q7 | 1.000 | | | | 0.832 | 0.692 | 0.780 | 0.421 |
| | Q8 | 0.859 | 0.068 | 12.641 | * * * | 0.517 | 0.268 | | |
| | Q9 | 1.106 | 0.071 | 15.564 | * * * | 0.641 | 0.411 | | |
| | Q10 | 0.934 | 0.073 | 12.872 | * * * | 0.527 | 0.277 | | |
| | Q11 | 1.170 | 0.072 | 16.193 | * * * | 0.671 | 0.451 | | |

注：＊＊＊ p<0.001。

从对测量模型的路径系数分析可知，情感型互动 3 个题项的标准化回归系数在 0.70~0.93，大于 0.6，可被认为具有能够接受的收敛效度，见图 3-3。此外，对该潜变量模型的拟合指标来看，Q14 和 Q15 的临界比 C. R. 分别为 18.544 和 20.010，均达到了 0.001 的显著水平；组成信度 CR=0.844，大于 0.7；平均方差提取值 AVE=0.644，大于 0.5，见表 3-17。

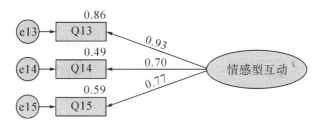

图 3-3　情感型互动的测量模型路径系数

表 3-17    情感型互动验证性因子分析结果

| 维度 | 题项 | 模型参数估计值 | | | | 收敛效度 | | | |
|------|------|------|------|------|------|------|------|------|------|
|      |      | RW | S. E. | C. R. | p | SRW | SMC | CR | AVE |
| 情感型互动 | Q13 | 1.000 | | | | 0.928 | 0.862 | 0.844 | 0.644 |
| | Q14 | 0.606 | 0.033 | 18.544 | * * * | 0.697 | 0.486 | | |
| | Q15 | 0.670 | 0.033 | 20.010 | * * * | 0.765 | 0.586 | | |

注：* * * $p<0.001$。

综上，角色外人际互动的三个维度：归属型互动、休闲型互动和情感型互动均具有较好的收敛效度。

（2）区分效度分析。

进一步地，研究人员研究采用 AVE 法进行区分效度的检验。具体操作：分别计算出归属型互动、休闲型互动和情感型互动三个维度的 AVE 值；在 Amos 中构建起三个维度的完全相关模型并计算出两两相关系数；通过对比 AVE 平方根是否大于对应的相关系数而显示其是否与其他维度具有良好的区分效度。

根据以上程序，角色外人际互动的区分效度检验结果见表 3-18。其中，归属型互动的 AVE 平方根为 0.677，大于归属型互动与休闲型互动的相关系数（0.656），也大于归属型互动与情感型互动的相关系数（0.404）；休闲型互动的 AVE 平方根为 0.649，大于休闲型互动与情感型互动的相关系数（0.423），略小于休闲型互动与归属型互动的皮尔森相关系数（0.656）。情感型互动的 AVE 平方根为 0.802，大于情感型互动与休闲型互动的相关系数（0.423），也大于情感型互动与归属型互动的相关系数（0.404）。表 3-18 说明归属型互动、休闲型互动和情感型互动三个潜变量具有较好的区分效度。

表 3-18    角色外人际互动正式量表的区分效度检验

| 维度 | AVE | 归属型互动 | 休闲型互动 | 情感型互动 |
|------|------|------|------|------|
| 归属型互动 | 0.458 | <u>0.677</u> | | |
| 休闲型互动 | 0.421 | 0.656 | <u>0.649</u> | |
| 情感型互动 | 0.644 | 0.404 | 0.423 | <u>0.802</u> |

注：下划线表示对应各维度的 AVE 平方根。

### 3.3.3 正式量表的验证性因子分析

根据文献研究、质性研究以及探索性因子分析，研究人员初步确定了角色外人际互动是一个包含三个维度的构念，并基于编码材料形成了12题项的测量量表。为了进一步验证角色外人际互动性的结构效度，本书将根据模型的拟合指标数值分析不同维度构成的各竞争模型的拟合优劣。根据实际情况，有5个竞争模型被本书纳入分析。其中，模型 M1 将归属型互动、休闲型互动和情感型互动作为角色外人际互动的三个独立的维度；模型 M2 由"归属型互动+休闲型互动"与"情感性互动"两个独立维度构成；模型 M3 由"归属型互动+情感性互动"与"休闲型互动"两个独立维度构成；模型 M4 由"休闲型互动+情感性互动"与"归属型互动"两个独立维度构成；模型 M5 将角色外人际互动视为一个单维度结构。

研究人员在 Amos 28.0 软件中分别绘制 5 个潜变量模型并进行模型拟合估计。根据吴明隆的建议，5 个竞争模型的拟合情况见表 3-19。根据适配度简约和合理性原则，M1 模型即角色外人际互动的三维度模型最优。

表 3-19　竞争性模型拟合指标（$N=715$）

| 模型 | $\chi^2$ | df | $\Delta\chi^2$（df） | $x^2/df$ | TLI | CFI | AGFI | RMSEA |
|---|---|---|---|---|---|---|---|---|
| M1 | 331.918 | 51 | — | 6.508 | 0.882 | 0.909 | 0.901 | 0.088 |
| M2 | 575.582 | 53 | 243.664（2）*** | 10.860 | 0.789 | 0.831 | 0.820 | 0.118 |
| M3 | 933.795 | 53 | 601.877（2）*** | 17.619 | 0.645 | 0.715 | 0.676 | 0.153 |
| M4 | 936.295 | 53 | 604.377（2）*** | 17.666 | 0.644 | 0.714 | 0.710 | 0.153 |
| M5 | 1 174.675 | 54 | 842.757（3）*** | 21.753 | 0.557 | 0.637 | 0.669 | 0.170 |

注：*** $p<0.001$。

进一步地，三因子模型 M1 的路径系数如图 3-4 所示。由图 3-4 可知，三因子模型的 12 个条目在其各自所属维度的标准化因素负荷在 0.53 ~ 0.88，表明三因子模型的基本适配度理想，说明角色外人际互动的三维度结构得到统计检验支持。

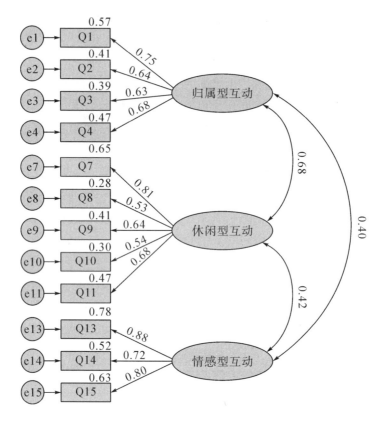

图 3-4　角色外人际互动的结构模型路径系数

## 3.4　角色外人际互动与相近构念的比较检验

前文，本书回顾了与角色外人际互动相关的构念，包括非正式互动、职场友谊、工间微休息、共情等，并分析了这些概念或维度与角色外人际互动有关联的内容或观点。本书将通过效标效度和区分效度分析进一步对角色外人际互动与部分相关相近构念进行比较检验。

### 3.4.1　变量选择与样本收集

（1）与角色外人际互动及其维度相关的变量量表。

由于非正式互动在内容上与角色外人际互动有交集，比如在非工作要求下的娱乐休闲活动、个性化社交活动等，因此研究人员首先选择将非正式互动与角色外人际互动进行比较。本书使用的非正式互动为 Winslow 等编制的工作场所非正式互动量表中的行为维度量表，共 6 个题项，包括"我和同事会谈论共同的兴趣爱好""我经常和同事聊一些与工作无关的话题""我和同事讨论自己非工作时间（比如周末或晚上）发生的事情"等。

此外，职场友谊与角色外人际互动在表现形式上被认为有相近之处，而其关联性最大的部分在于对于高质量、有归属感的互动或关系建立。基于此，本书采用了由 Nielsen 等人编制，孙健敏等修订的职场友谊量表中的职场友谊强度维度量表，重点对角色外人际互动及其归属型互动维度做比较分析。职场友谊强度共 4 个题项，包括"我觉得我可以非常信任许多同事""我们在工作中结成了牢固的友谊"等。

工间微休息中的社交活动被认为是个体与同事、家人或朋友在工作间隙产生的联络的活动，与角色外人际互动及其休闲型互动可能有所关联。本书采用由 Kim 等编制的工间微休息活动量表中的社交活动维度量表进行比较检验，社交活动部分共 3 个题项，包括"我会和同事聊与工作无关的话题""工作间隙我会给朋友或家人发短信或打电话""工作间隙我会查看个人社交账号或朋友圈"。

共情被认为与情绪互动有关，可能重点与角色外人际互动及其情感型互动相关联，因此本书采用由 Andreychik 编制、郭睿等人修订的积极消极共情量表中的积极共情部分进行检验分析。积极共情量表共 7 个题项，包括"当周围的人情绪高昂的时候，我也会变得振奋起来""当周围的人在笑的时候，我感到开心""看到别人收到礼物，我感到愉悦"等。

（2）样本来源。

研究人员通过线上方式邀请填写，共发放 240 份问卷，回收后对样本数据进行初步分析，剔除掉填答敷衍或逻辑不符的样本，共得到 228 份有效分析问卷，有效回收率 95.000%。研究人员对样本信息进行描述性统计，具体信息见表 3-20，表明该样本具有人口统计学特征的差异和代表性。

表 3-20　相关概念对比检验的人口统计学特征（$N = 228$）

| 变量 | | 人数/人 | 百分比/% |
|---|---|---|---|
| 性别 | 男 | 81 | 35.526 |
| | 女 | 147 | 64.474 |
| 组织类型 | 政府部门 | 5 | 2.193 |
| | 事业单位 | 22 | 9.649 |
| | 国有企业 | 53 | 23.246 |
| | 民营企业 | 139 | 60.965 |
| | 其他 | 9 | 3.947 |
| 学历 | 专科及以下 | 13 | 5.702 |
| | 本科 | 181 | 79.386 |
| | 研究生 | 34 | 14.912 |
| 年龄 | 20 岁（含）以下 | 3 | 1.316 |
| | 21~30 岁 | 113 | 49.561 |
| | 31~40 岁 | 87 | 38.158 |
| | 41~50 岁 | 18 | 7.895 |
| | 51~60 岁 | 7 | 3.070 |
| 工作年限 | 3 年（不含）以下 | 44 | 19.298 |
| | 3~5 年 | 55 | 24.123 |
| | 6~10 年 | 83 | 36.404 |
| | 11~15 年 | 25 | 10.965 |
| | 16 年及以上 | 21 | 9.210 |

### 3.4.2　效标效度检验与区分效度检验

（1）变量间效标效度检验。

效标效度通常用于评估量表与某些关联构念及其量表的相关程度，是对量表开发进行的一种有效性评估参考。本书采用 Pearson 相关系数来检验角色外人际互动与效标量表（非正式互动、职场友谊、工间微休息、共情）的相关程度，见表 3-21。参照相关检验标准，研究人员认为相关系数在 0.4~0.8 较为合理。

表 3-21　角色外人际互动与效标量表的相关系数

| 变量 | 非正式互动 | 职场友谊 | 工间微休息 | 共情 |
|---|---|---|---|---|
| 角色外人际互动 | 0.463[**] | 0.768[**] | 0.056 | 0.706[**] |
| 归属型互动 | 0.412[**] | 0.695[**] | 0.035 | 0.661[**] |
| 休闲型互动 | 0.434[**] | 0.722[**] | 0.043 | 0.664[**] |
| 情感型互动 | 0.415[**] | 0.671[**] | 0.080 | 0.590[**] |

注：[**] 表示在 0.01 级别（双尾）相关性显著。

从相关系数看，除工间微休息（$r = 0.056$，$p > 0.01$）外，角色外人际互动与非正式互动、职场友谊、共情都显著相关，说明角色外人际互动与这三个构念的确有部分相关联的内容。其中，从相关系数来看，角色外人际互动与职场友谊（$r = 0.768$，$p < 0.01$）和共情（$r = 0.706$，$p < 0.01$）的相关系数均大于其与非正式互动（$r = 0.463$，$p < 0.01$）的相关系数，进一步检验了角色外人际互动在构念内涵及侧重点上与非正式互动既有关联、也有差异，并且更具有与特定群体相联结的含义。

（2）变量间区分效度检验。

区分效度是用于检验不同潜变量之间差异程度的重要手段，常用方法为 AVE 法。AVE 法是指首先构建不同潜变量的测量模型，计算出其标准化回归系数，计算出各潜变量的 AVE 值，进一步，将 AVE 值的平方根与对应变量的相关系数进行比较。若某潜变量的 AVE 平方根值大于与其余变量的相关系数，则认为具有良好的区分效度。

变量间区分效度检验的具体操作方法：根据前面对不同潜变量的测量模型的拟合，采用 AVE 计算公式算出各变量的平均方法提取值，并对 AVE 值分别取平方根作为参照，见表 3-22。此外，再对各变量两两相关系数与 AVE 的平方根作比较。普遍认为，若某潜变量的 AVE 平方根值大于与其余变量的相关系数，则认为具有良好的区分效度。

从区分效度检验来看，非正式互动的 AVE 平方根（0.540）大于其与角色人际互动的相关系数（0.463），也大于其他变量和维度的相关系数；职场友谊的 AVE 平方根（0.713）大于其与归属型互动的相关系数（0.695）；工间微休息的 AVE 平方根远大于其与休闲型互动的相关系数（0.043）；共情的 AVE 平方根（0.626）大于其与情感型互动的相关系数（0.590）。

表 3-22　角色外人际互动与效标量表的区分效度

| 变量 | 非正式互动 | 职场友谊 | 工间微休息 | 共情 |
|---|---|---|---|---|
| 非正式互动 | 0.540 | | | |
| 角色外人际互动 | 0.463** | | | |
| 职场友谊 | 0.477** | 0.713 | | |
| 归属型互动 | 0.412** | 0.695** | | |
| 工间微休息 | 0.255** | 0.041 | 0.750 | |
| 休闲型互动 | 0.434** | 0.722** | 0.043 | |
| 共情 | 0.481** | 0.745** | 0.034 | 0.626 |
| 情感型互动 | 0.415** | 0.671** | 0.080 | 0.590** |
| AVE | 0.292 | 0.508 | 0.562 | 0.392 |

注：** 表示 $p<0.01$（双尾），下划线数值表示对应潜变量 AVE 指标的平方根值。

综上，角色外人际互动与非正式互动、职场友谊、共情都有相关性，仅与工间微休息的相关性检验不显著；从量表内涵的差异来看，角色外人际互动与这几个变量量表都具有区分性，进一步论证了角色外人际互动构念及其测量的有效性和区辨性。

## 3.5　本章小结

在中国组织情境下，这种基于工作角色关系而非工作要求或任务导向的角色外人际互动非常频繁。然而，长期以来，无论是管理实践者还是研究者，都更倾向于关注正式制度或规范约束下的互动及其作用，对那些自发产生的、非工作导向的人际互动重视与正视不足、界定不清晰，不能明确界定其内涵是什么、如何测量、是否有某些积极面的影响以及如何影响。为此，研究人员从角色外人际互动的发生场景、参与对象、互动内容与方式、行为动机及结果等方面开展了深度访谈，采用质性研究的扎根编码程序进行编码分析，构建了角色外人际互动的概念结构，在此基础上开发了角色外人际互动的初始量表，运用决断值法、同质性检验法、删除后内部一致性变化、因子分析等方法依次对初始量表进行检验和修订，形成并检验了 3 维度、12 题项的角色外人际互动正式量表。具体来说，本书形成了如下阶段性研究结果。

第一，角色外人际互动由三个维度构成。根据质性研究和编码分析，研究人员发现角色外人际互动是一种基于以往或当前工作角色关系的、非工作规范要求下的人际互动，是组织成员通过调整或超越自身对角色的认知而发起或参与的互动活动。研究人员初步发现，角色外人际互动可以从三个维度进行内涵刻画，其内容包括归属型互动、休闲型互动和情感型互动三个核心范畴，分别对应着关系导向、活动导向和情感导向，且这些核心范畴所包含的内容与现有其他互动的相关概念内涵具有区辨性，见表 3-23。

表 3-23　角色外人际互动三个维度的典型描述

| 维度名称 | 释义 | 典型描述举例 |
| --- | --- | --- |
| 归属型互动 | 是一种关系导向的互动，围绕个体在组织中或在组织某个圈子中的身份归属和关系认同，这种互动属于人际层面但非工作任务或工作角色的规范 | 与关系和角色认同有关，具体包括关系建立与需要、关系维持或加强、关怀表达、结伴消遣、陪伴行为、追随与认同等内容 |
| 休闲型互动 | 是一种活动导向的互动，主要围绕组织成员个体本身的兴趣、体验和关注点，不是一种工具性、功利性的互动 | 与活动和体验有关，具体包括兴趣小组建立、兴趣小组活动参与、休闲体验、趣味体验、闲聊消遣、参加运动活动、参加人文类活动等内容 |
| 情感型互动 | 是一种情感导向的互动，是组织个体或群体围绕情绪分享与释放、情感表达与建立等方面的行动表现，不仅关注个人的情绪情感，也关心同事的情绪情感 | 与情绪情感建立和心流有关，具体包括情感共鸣追寻、友谊建立与维持、缓解情绪与压力、分享趣事与感受赞许性交流、礼物交换等内容 |

第二，角色外人际互动量表具有较好的信效度。研究人员首先编制了19 个题项组成的角色外人际互动初始量表，题项主要来源于开展的深度访谈所获取的文本信息及编码分析。量表题项的描述和覆盖度经过了本领域研究者和部分企业管理人员的评价反馈，并通过再次邀请人力资源管理研究领域的教授对完善后的测量题项的可读性进行评价后，开展第一轮预测试。经过检验与分析，研究人员剔除了未通过检验的题项，形成了 3 维度、12 题项的角色外人际互动正式量表。研究人员还开展第二轮测试，检验了

角色外人际互动正式量表的稳定性与有效性，结果表明角色外人际互动正式量表具有较好的信度和效度。进一步地，研究人员还检验了角色外人际互动与非正式互动、职场友谊、工间微休息、共情几个效标量表的相关性和区分效度。

　　总体来说，本书提出与凝练的角色外人际互动的概念内涵与结构维度具有一定的理论贡献，遵循量表开发程序所编制的测量量表为后续探讨中国组织情境下角色外人际互动对工作绩效的作用机制研究提供了工具。

# 4 理论模型和研究假设

## 4.1 理论模型构建

对角色外人际互动概念内涵及其结构维度的探讨和测量量表开发，为系统探索角色外人际互动及其影响机制提供了理论参考和测量基础，本章将通过构建整体模型，对"角色外人际互动是如何影响工作绩效"和"哪些边界条件会增强或替代角色外人际互动对工作绩效的作用"两个问题展开分析论证。

### 4.1.1 研究问题的背景分析

在组织中，个体往往会与其工作相关联的领导及团队伙伴产生大量互动。而大多数的互动内容以任务为导向，以完成任务工作为目标，如探讨工作中的问题、协商解决方案等。但是，出于某些原因，个体还会与自己当前的同事或领导，以及组织中其他成员或群体（如前领导、跨部门成员等）进行各种信息交流或情感表达，共同参与一些兴趣活动、聚会、庆祝仪式，或者提供生活上和情绪上的支持与帮助。这些沟通和互动构成了组织情境下最一般意义上的非任务导向的人际互动形式。然而，在实践层面，大多数的企业管理者或组织成员都更加重视任务导向的互动，而相对忽视甚至在某些时候刻意避免非任务导向的人际互动，这在一定程度上忽略了这种互动可能对组织绩效带来的重要作用。

在中国组织情境下，这种基于工作角色关系而非工作要求或任务导向的角色外人际互动非常频繁。已有许多以本土文化为背景的研究解释了在中国组织情境下人们为什么愿意互动、乐于互动，因为互动可能会带来"效率"，促进信任和利益等多方面的升华。但是，角色外人际互动如何影响互动参与者的认知评估和情感反应，以及人们基于关系角色的自我认知和人际能力对互动结果产生何种影响，尚需要进一步澄清。

研究人员通过在本土组织情境下的观察发现，这种角色外人际互动可能受对人不对事的"情礼因素"影响，也可能受对事不对人的"义理因素"规范，人们实施互动的动机可能利己，也可能利他。而这种人际互动的结果可能会在一定程度上产生跨角色边界的作用效果，包括促进"角色内"的合作与任务完成、激发"角色外"的利他行为等，甚至还能解决一些正式工作程序中难以解决的关键问题。

总体来说，这种人际互动能够以某种方式对绩效起到促进作用，然而其"如何动态跨越角色边界"对角色内和角色外的相关工作结果产生积极作用，还需要系统探讨。与此同时，由于个体在感知、体验和评价情境的方式上有所不同，经历相同情况的两个人可能会有完全不同的感受，而人们看待自我的方式将影响他们的认知、动机、情绪和行为，而对人际互动有更敏锐的观察力、有更强观察力的个体更能够洞悉他人的想法，并促进积极的人际结果。基于此，研究人员将角色内绩效和人际公民行为作为主要结果变量，探索构建多重路径并同时探讨相关边界条件，尝试解释角色外人际互动对其的影响机制。

### 4.1.2　基于认知情感系统理论的研究框架拓展与构建

认知情感系统理论认为，个体的认知和情感共同作用于个体对环境事件的反应，当人们内在个性系统中的"认知情感单元"因某些情境特征被激活，将会产生对应的外显行为。具体而言，当个体感受到一个特定的情境特征刺激时，认知和情感的特征模式就通过不同的网络作用路径，被内在系统的中介单元激活，并与一些情境特征发生连接。而角色外人际互动发生于有工作联系的同事或上下级之间，不论其互动内容为何、程度如何，它都有可能对参与互动的彼此构成影响，这种影响与互动者本人的特征有所区别，可以被认为是一种发生在特定时空，由多个实体构成的事件。

基于此，研究人员在认知情感系统理论框架下，将角色外人际互动视为一种环境事件，将其归属型互动、休闲型互动和情感型互动三个维度视为不同的情境特征，探讨角色外人际互动对工作绩效的影响，构建基于"认知"和"情感"的"角色外人际互动—积极情绪/社会接纳—工作激情—工作绩效"研究路径，探讨关系型自我构念和政治技能的调节作用。

具体而言，研究人员将社会接纳作为个体互动后对自身是否受到肯定及接纳的认知评价表征，将积极情绪作为个体互动后是否触发了某种正向的情绪情感加工的情感反应表征，构建和验证"认知—情感"的双中介效应。

　　进一步地，研究人员还认为，原认知情感系统理论的"环境事件—认知评估/情感反映—行为选择"还不足以充分解释角色外人际互动对工作绩效的双路径机制。例如，不同强度的环境事件是否能够引起相同程度的认知评估或情感反应，并进而影响其行为选择？如果环境事件的新颖性、颠覆性、关键性不足，其对个体认知和情感的影响是什么？这些影响如何能够转化为某种行动的前置态度或倾向？基于以上问题，认知情感理论的研究框架还可以在现有基础上进行拓展，以进一步提高其理论解释度。由此，研究人员探索性地分析提出，从"认知/情感"到"行为选择"中可能还存在一种兼具认知和情感特点的行为前置状态或态度，并将其视为一种"综合倾向"，这种综合倾向可能会影响个体的后续行为选择，从而形成"环境事件—认知评估/情感反映—综合倾向—行为选择"的逻辑链条。

　　研究人员认为，在组织中，无论是瞬时路径还是稳态路径，由于行为选择引发效用的不可逆性，导致行动者必须要在足够强度的行为倾向的前提下才会实施行为本身。基于这样的推断，研究人员认为"工作激情"可作为一种综合的行动倾向。因为工作激情体现了一种强烈参与工作的倾向性，包含人们愿意为此投入时间和精力。已有研究指出工作激情虽然也具有情感因素，但并不等同于一般的情绪，它是一个包含动机、情感和认知三种因素的综合构念，这为研究人员考虑将工作激情作为整体模型中的"综合倾向"提供了理论参考。

　　进一步而言，根据工作激情的二元模型，和谐型工作激情是个体对外在动机自主内化的结果，强迫型工作激情则是控制内化的结果，其区别在于个体动机在内化过程中是否具有某种附属目的的干预。工作激情作为解释个体产生积极工作结果的一种态度和情感认知，也反映了个体的某些期待，比如期望得到其所在工作群体的关心和理解等，同时个体本身也具备调节这些外部动机的转化能力。大量研究已经指出，工作激情能够使组织成员表现自信、保持对工作的投入等，进而促进工作绩效。然而，作为两种不同的内化机制，和谐型工作激情与强迫型工作激情可能有不同程度的作用方式。显然，这为研究人员选择并探讨工作激情作为角色外人际互动对工作绩效影响的中介效应，提供了关键的理论基础。

### 4.1.3 研究问题与研究模型

研究人员基于认知情感系统理论，构建"认知"和"情感"构建角色外人际互动对工作绩效的双路径机制，研究逻辑路径为"角色外人际互动—积极情绪/社会接纳—工作激情—工作绩效"。研究人员主要探索以下几个问题：①角色外人际互动对员工工作绩效的影响，包括角色内绩效和人际公民行为；②从认知视角检验社会接纳与工作激情在角色外人际互动和工作绩效之间的链式中介作用；③从情感视角检验积极情绪与工作激情在角色外人际互动和工作绩效之间的链式中介作用；④分别考察关系型自我构念对角色外人际互动和工作绩效影响链式路径的替代调节作用；⑤分别考察政治技能对角色外人际互动和工作绩效的链式路径的强化调节作用。

角色外人际互动对工作绩效影响的理论模型见图 4-1。

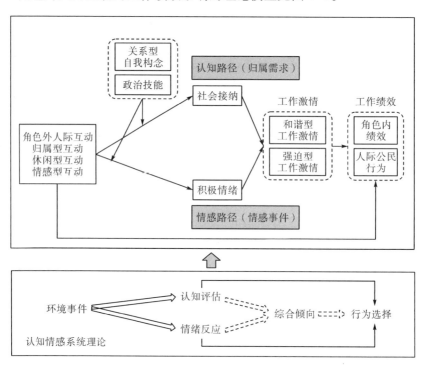

图 4-1　角色外人际互动对工作绩效影响的理论模型

## 4.2　研究假设

### 4.2.1　主效应：角色外人际互动与工作绩效

在中国组织情境下，角色外人际互动兼具"人情社会"和"契约社会"的特点。许多研究已对这种包括中国在内的许多亚洲国家普遍存在的现象进行了关注，并进一步探索和验证了本土工作场所中工作和非工作关系的融合。现有研究也从不同的理论视角支持了基于工作关系的人际互动能够有效促进个人或组织绩效的结论。战略网络视角的相关研究发现，与工作相关的、广泛的、战略性人际互动可以促进个人和组织的表现，提高工作绩效和职业成功的实践。社会资本理论视角的相关研究也支持了与工作相关的非正式互动是有益的观点，并验证了无论其是否在最初就具备某种政治性目的，都会普遍有利于工作结果的作用。虽然以上人际互动主要是与工作有关，其内涵与角色外人际互动有所差异，但在广义上其范畴与角色外人际互动也有交集。

因此，研究人员推断认为，在"职缘"关系背景下，组织成员非工作规范要求下的人际互动，可能会作为一种环境事件对个体或彼此产生影响。比如，它可能会通过人情或义务的增加等升级为稳定、积极、长期的工作情感连接或非工作关系，这将有利于组织成员减少工作摩擦，更加熟悉和稳固工作关系，并形成融洽的工作氛围，进而促进其岗位职责履行和人际关系的促进。

根据本书前文对角色外人际互动的质性研究结果分析，归属型互动作为一种关系导向的互动，体现了个体在组织中或在组织某个圈子中的身份归属和关系认同，表征个体渴望与组织其他成员或群体建立与维持联系的内在需要，以及当个体靠近期望接近的组织群体时的倾向性和积极态度。总体来说，归属型互动呈现出个体关注建立与维持稳定、持久、和谐关系的特点。杨（Young）和帕克（Parker）在研究工作集体氛围时指出，虽然组织成员间的互动最容易发生在同一工作团队中，但是人们在工作团队之外发生的互动也会影响集体氛围的形成，而集体氛围又能预测工作绩效。同理，归属型互动也可能发生在工作小组之外，比如发生在与组织中有工作关联的其他部门的成员之间，或者在通勤路上相遇的组织内其他成员之间。这些互动中的关系建立、关系维持、陪伴行为等方面可能是促进良好的集体氛围形成的关键成分，这种氛围不仅局限于工作部门小范围，还可能因互动对象扩展到跨工作小组、跨部门等，而得以拓展和加强，从而增强组织成员感知到的和谐组织氛围。因此，研究人员认为归属型互动将有助于个体更好完成岗位任务并促进人际帮助。

关于工间微休息（micro-break）的相关研究指出，工间微休息能够促进员工身心健康和工作表现，工间微休息中的社交互动活动，比如给朋友打电话交流等，可以通过情绪影响机制提高电话销售员的工作绩效。关于通勤恢复的相关研究也建议，人们可以在通勤过程中以参与社交等方式来转换角色，改善工作状态和结果等。休闲型互动作为一种活动导向的互动，主要围绕组织成员个体本身的兴趣、体验和关注点，其主要内容包括一些休闲活动体验、闲聊或消遣等，这些活动经常发生在通勤路上、工间休息或工作结束后。休闲型互动虽然不是一种工具性、功利性的互动，但其可能会通过自发组织或参加消遣活动等，建立联系或增进人际了解，于无形中化解工作误解或矛盾，或在互动过程中得到某些能量或体力的恢复，进而能够以更好的精神状态完成其本职工作和提供人际帮助。

情感型互动是一种情感导向的互动，包括情感共鸣追寻、友谊建立与维持、缓解情绪与压力、分享趣事与感受、赞许性交流、礼物交换等形式，是一种显著的积极的共情行为。这是一种个体对于他人的积极情绪的信息识别与感知，并能够通过合理的方式分享或表达出来的行为能力，这种倾向源于对他人情绪表达、与他人情绪一致性的感知。研究指出，共情不仅能够促进人际的帮助与互惠，还能让个体产生与他人相关联的、正向的情感体验。情感型互动是组织个体或群体围绕情绪分享与释放、情感表达与建立等方面的行动表现，不仅关注个人的情绪情感，也关心同事的情绪情感，能够直接增强正向情感或削弱负向情感对个体带来的影响，在和谐氛围中提升工作绩效。

基于此，研究人员提出：

①$H_1$：角色外人际互动正向促进角色内绩效。

②$H_2$：角色外人际互动正向促进人际公民行为。

### 4.2.2　认知路径：社会接纳与工作激情的链式中介

人们对于自己将要采取什么样的行动具有基本的认知观点。就个体在组织中的社会化过程而言，适应和融入至关重要，而得到别人的接纳是融入角色和组织群体的前提和关键。在中国文化中，接纳程度较高也被称为"人缘"好。在现代组织中，许多工作都需要高度协同，而是否被接纳可能成为影响工作协同的关键。利里（Leary）指出，社会接纳是一个连续的过程，归属是被接纳的一种特例，因而对归属需求的满足可以被感知为受到别人的接纳。基于此，研究人员探讨了角色外人际互动影响组织成员工作激情和工作绩效的微观"认知"机制，并以归属需求理论为基本框架，以社会接纳为归属感的认知表征，探索扩展认知情感系统理论的解释逻辑，通过建立"角色外人际互动—社会接纳—工作激情—工作绩效"的研究路径，分析与检验社会接纳与工作激情的链式中介作用。

利里（Leary）指出，人们会通过多种方式促进社会接纳，并在早期研究中就明确了社会接纳的主观体验可以被概念化为对关系价值的感知，即人们在何种程度上珍视他们和他人的关系以及对这段关系的价值评价。也就是说，当人们感觉到他们对某个特定的个体或群体具有较高的关系价值时，他们便感觉到自己被接纳了。比如，在人际交谈中，当对方看起来是感兴趣和投入的，感知的关系价值就会足够高，会让个体感到被接纳。在角色外人际互动中，归属型互动的驱动力是一种渴望与组织中的其他成员或群体建立与维持联系的内在需要，这种互动能够促进建立积极的职场关系，促进个人感受到被互动群体所接纳，从而体验和享受期望的积极状态。休闲型互动虽然不具备明确的从属某个群体的行动目的，但人们会在互动中通过对彼此在工作之外的多面观察而逐渐发展出对彼此的积极认识，抑或改善以往的负面认识等，促进预期之外的人际理解和交流。如同更早的研究中对自我表露能够促进人际关系的发展和深化的观点类似，研究人员推断，随着休闲型互动的深入，组织成员感知到的社会接纳程度也会提高。而情感型互动则可能会通过积极共情行为，获取在情绪上被对方重视的知觉，进而将意义解读为关系价值的提升。总体而言，角色外人际互动可能会以某种让人感知到归属信号的事件方式，影响个体对于接纳方面的认知或感受。

基于此，研究人员提出：

①$H_3$：角色外人际互动正向促进社会接纳。

进一步地，已有研究间接证实了角色外人际互动能够满足本土工作场所和谐人际关系建立的归属需求，增强个体被他人所认可的接纳感知，或对自己是否属于"圈内人"的某种感知。这种积极的、愉悦的感知能够让个体进入到一种正向的意义评价状态，从而产生正向的行为倾向。根据现有研究，工作激情不仅有情感的成分，更重要的是赋予了工作对个体的意义感。如果个体相对更加重视工作及其组织关系对自己的内在意义和价值，他们将在自愿参与工作的过程中，自发地将工作内容转化为自我价值的一个重要部分，并形成主动投入工作的一种驱动力，从而促进本职工作的高质量完成，更加乐意对同事提供帮助。在组织中，个体在不同程度上珍视他们与组织其他成员或群体的关系，并认为与某些组织其他成员或群体的积极关系有重要的价值。这些关系既包括与领导的关系，也包括与其他期望的组织成员的关系。不论人们更重视与领导的关系还是与其他组织成员的关系，都有可能促进其对工作的投入和对于不同人的帮助行为。因为，与关键对象的积极关系构建，会增加对工作本身价值的认定，这种过程会促进其高质量完成本职工作，以及可能会对工作中的人际帮助视为"义务"加以实施。

具体而言，个体感知到的社会接纳会满足其关系偏好与社交存在的需求，这些来自工作群体的认可会促使其增加对组织或工作的认同和投入，从而高质量完成组织安排的任务。这种接纳能够满足员工的某种归属性心理需求，促进工作动机的内化而产生工作激情，这种工作激情虽然也有可能是受环境或面子等因素而导致的，但大多是发自内心的。发自内心而产生和谐型工作激情的个体会增加对工作的热爱，从而专注于核心工作任务，通过对工作的认同和投入促进角色内绩效的提升，此外，还会自发进行工作调整以促进工作的适应性，在协调的过程中产生更多的人际公民行为。

综上，个体在这种接纳感知与工作意义内化的过程中，通过更好适应和调整自己的角色，促进了对任务的完成、人际关系的建立与维护，进而促进其角色内绩效和人际公民行为。基于认知情感系统理论的基本观点，角色外人际互动作为本土工作场景中的环境事件，对它的满足能够给发起互动或参与互动的个体带来高关系价值的感知，在这种认知评价下，又能够促使个体对于具有关系价值意义的本职工作提升意义感和价值感，降低对工作的被动评价与态度，进而促进工作绩效的提升。

基于此，研究人员提出：

①$H_4$：角色外人际互动依次通过社会接纳与和谐型工作激情的链式中

介作用正向促进角色内绩效。其中，社会接纳会促进和谐型工作激情，且整体中介效应为正。

②$H_5$：角色外人际互动通过社会接纳与强迫型工作激情的链式中介作用正向促进角色内绩效。其中，社会接纳会降低强迫型工作激情，但整体中介效应为正。

③$H_6$：角色外人际互动通过社会接纳与和谐型工作激情的链式中介作用正向促进人际公民行为。其中，社会接纳会促进和谐型工作激情，且整体中介效应为正。

④$H_7$：角色外人际互动通过社会接纳与强迫型工作激情的链式中介作用正向促进人际公民行为。其中，社会接纳会降低强迫型工作激情，但整体中介效应为正。

基于认知路径的角色外人际互动对工作绩效影响的链式中介见图 4-2。

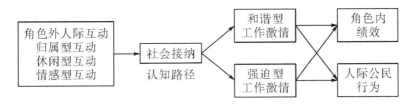

图 4-2　基于认知路径的角色外人际互动对工作绩效影响的链式中介

### 4.2.3　情感路径：积极情绪与工作激情的链式中介

情绪或情感体验对于解释环境事件对个体反应的关系具有重要意义，也被证实是一套独特的解释逻辑。人们对事件的反应并非都是理性而直接的，事件所引致的情绪表达可能会突破理性认知的层面，并对其行为的选择和行为结果产生影响。研究人员在质性研究中的访谈内容也显示，虽然互动本身可能包含积极面和消极面，但人们会更倾向于将互动解读为积极面或非消极面内涵，而对消极互动则有另外一套理解逻辑。因此，在中国组织情境下，角色外人际互动更有可能对积极面的情绪产生预测作用。在探讨角色外人际互动如何影响组织成员工作激情和工作绩效的情感路径上，研究人员综合采用情感事件理论（"事件—情感反应—态度—行为"）的解释框架，并扩展认知情感系统理论的解释逻辑，建立了"角色外人际互动—积极情绪—工作激情—工作绩效"的"情感"路径，来分析与检验积极情绪与工作激情的链式中介作用。

研究发现，许多非常快乐的人似乎都是高度社会化的，他们与家人、朋友和恋人在一起的时间最多，并且拥有最牢固的浪漫和其他社会关系，无论是在日常生活中还是在受控的实验室环境中，一系列研究也验证了这一假设。除了为他人做好事之外，简单地与他人互动也是增加积极情绪的可靠策略。根据 Fredrickson 的建议，行善事（do good）和广社交（be social）都能促使个体在外显积极行为上的改变进而影响积极情绪。具体而言，行善事是指将积极的观点外化为行为，比如在人际互动中对他人施以帮助等。研究指出，有益的、富有同情心的行为不仅源于积极的感觉，还能产生和加强积极情感的知觉。并且，当人们更加关注自己的善意行为，如关怀他人时，主观幸福感会增加，在帮助他人时，还会有愉快的心境体验。

归属型互动包含了关怀表达，比如在闲暇的时候与同事相互关心，询问近况，像朋友或亲人一样为遇到的问题出谋划策，表达关心等。此外，日记研究证实，与支持的人分享好运的消息，也能增强和延长积极影响和良好的感觉。事实上，许多实证研究表明，单纯的社会接触性活动与积极情绪状态之间存在联系。而休闲型互动正是从这种"纯粹"的活动或体验中，促进大脑产生内啡肽和多巴胺，减少消极情绪，增加积极情绪。还有研究表明，当人们庆祝或以其他方式纪念他们的成功时，他们扩展了自己从中获得的快乐，而积极地解决问题又可以产生重要的掌控感，从而增加积极的影响。因此，情感型互动通过庆祝活动等方式促进个体情绪的传递和感染，引发正向情绪。基于此，研究人员认为组织成员为建立和维持人际关系，会参加或自发组织某些休闲活动，共同开展庆祝活动等，这些都是能够促进正向社交的途径，有利于积极情绪的产生。

基于此，研究人员提出：

①$H_8$：角色外人际互动正向促进积极情绪。

进一步地，在本土组织情境下，组织成员视"角色外人际互动"为一种自发或自愿参与的、频繁而普遍的"职缘"人际交往行为，这种行为虽然不属于正式工作要求，但它可能已经被文化的烙印逐步内化为职场行为的一部分。当个体认同某项活动的价值，并且将其整合到自我意识中时，就产生令人愉快的倾向与感知，而员工的积极情绪能够拓展个体的思维和创造力，对自身工作绩效具有积极影响。在这个情绪扩散和转化的过程中，个体会对情绪情感及其所带来的意义进行反复评价，这种评价过程是发生在其内部，并受到各种认知情感单元的相互作用影响。在这些相互作用中，个体对于工作的某些态度将会发生变化，可能会增强其投入工作的内部动机，或者调节其之前认为不得不完成工作的约束性认知。一方面，有机整合理论认为，动机的内化需要一定的"滋养和刺激"。在工作场所中，这种滋养和刺激可能来源于某种"环境事件"，如角色外人际互动。另一方面，现有研究探讨了工作激情能够充分考虑自己与他人的关系，积极地将时间和精力投入到人际关系的维护和提升中，促进员工在工作中投入更多的时间和精力，表现出更多的组织公民行为，并能正向预测工作者在任务中的绩效表现等。因此，研究人员认为角色外人际互动可能通过情绪路径促进工作激情的变化进而影响工作绩效。

当组织中的个体通过扮演和转换工作角色，根据角色一致性的观点，其能够在这样的持续正向反馈的基础上不断强化对工作的意义认知，与此同时还能产生积极的情绪。因此，由角色外人际互动产生的积极情绪可能通过工作激情对工作结果产生积极的正向影响。

工作对人的影响非常大，甚至在周末或假期等非工作情况下，人们也会产生一些积极或者消极的工作想法。在普遍意义上，人们会认为工作是充满压力的，因此，在工作场所中，与同事建立的关系或友谊能够通过满足其情感或情绪上的某些需求而变得比单纯的组织角色更重要。和谐型工作激情可能会产生于由角色外人际互动而引发的积极情绪，并通过将这种情绪转化为对工作的正向评价而强化对工作的热爱与认同，这将有利于个体提高其工作投入，改善其角色内绩效。此外，个体还可能将对这种积极的情感自发地延展到与工作相关的人际关系中，将构建和谐人际关系也作为有意义的目标，这样个体将通过调整和适应关系而提供更多的人际公民行为。同时，某些积极情绪可能会降低强迫型工作激情的产生。比如，角色外人际互动中的某些归属型或情感型互动，如表达关怀与感激、在需要时的陪伴、帮助缓解情绪压力、赠送礼物等，都可能会让受关怀方产生感激之情，从而增强对这份工作的情感认同和依赖。这种感激可能会引起个体对工作状态和热情的重新调整，并减轻个人对于不得不完成工作或帮助同事的心理负担。

综上，人们从角色外人际互动中获得的积极情绪，可能会激发或强化其内在的工作激情。基于认知情感系统理论的基本观点，角色外人际互动作为本土工作场景中的环境事件，对它的满足能够给发起互动或参与互动的个体带来积极的情绪体验，在这种情感反应下，有可能产生自发的和谐型工作激情，降低源于外部因素的强迫型工作激情，进而促进个体愿意投入自己的时间和精力，促进工作绩效的提升，以及对维持和谐人际关系作出相应的努力。

角色外人际互动还能够促使个体对于自认喜爱的、重要的活动有强烈的参与倾向，并愿意为此活动投入自己的时间。

基于此，研究人员提出：

①$H_9$：角色外人际互动通过积极情绪与和谐型工作激情的链式中介作用正向促进角色内绩效。其中，积极情绪会促进和谐型工作激情，且整体中介效应为正。

②$H_{10}$：角色外人际互动通过积极情绪与强迫型工作激情的链式中介作用正向促进角色内绩效。其中，积极情绪会降低强迫型工作激情，但整体中介效应为正。

③$H_{11}$：角色外人际互动通过积极情绪与和谐型工作激情的链式中介作用正向促进人际公民行为。其中，积极情绪会促进和谐型工作激情，且整体中介效应为正。

④$H_{12}$：角色外人际互动通过积极情绪与强迫型工作激情的链式中介作用正向促进人际公民行为。其中，积极情绪会降低强迫型工作激情，但整体中介效应为正。

基于情感路径的角色外人际互动对工作绩效影响的链式中介见图4-3。

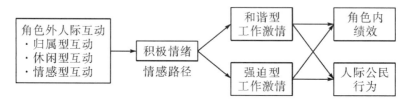

图4-3 基于情感路径的角色外人际互动对工作绩效影响的链式中介

### 4.2.4 整体模型：关系型自我构念和政治技能的有调节的中介作用

研究人员整合认知情感系统理论和归属需求理论的观点，从认知路径分别提出了角色外人际互动对社会接纳的正向促进作用，以及角色外人际互动通过社会接纳与和谐型/强迫型工作激情对角色内绩效/人际公民行为的整体正向促进链式中介作用。同时，研究人员整合认知情感系统理论与情感事件理论的观点，从情感路径分别提出了角色外人际互动对积极情绪的正向促进作用，以及角色外人际互动通过积极情绪与和谐型/强迫型工作激情对角色内绩效/人际公民行为的整体正向促进的链式中介作用。为了考察更加注重关系自我的个体和更具有人际能力的个体的作用差异，研究人员提出了分别检验关系型自我构念和政治技能对角色外人际互动和积极情绪/社会接纳的调节关系，并进一步形成该研究的整体模型假设。

在考察两个边界条件时，研究人员认为，关系型自我构念和政治技能分别对积极情绪和社会接纳起着不同的调节作用。具体而言，关系型自我构念对社会接纳和积极情绪有着替代调节的作用，而政治技能对社会接纳和积极情绪有着强化调节的作用。也就是说，高关系自我的个体由于其对亲密关系的高需求，其在角色外人际互动的后续认知评价和情感反应中可能是"不敏感"的或者具有更高的期待阈值，也就是对中介作用的调节效应是减弱的；相反，高政治技能的个体在角色外人际互动的作用下更能够感受到积极情绪，因为其关系需求得到了更容易的满足，或者由于其人际能力得到了更好发挥，其对中介作用的调节效应是增强的。

（1）关系型自我构念的调节作用。

人们看待自我的方式将影响他们的认知、动机、情绪和行为。因此，研究人员认为个体自我构念模式能够对社会接纳和积极情绪产生影响。关系型自我构念是发展与他人亲密关系的一种动机来源，是一种侧重于关注关系的自我建构或特质。颜文杰和程德俊指出，关系型自我的认识是通过情景激发产生的。因此，在受关系文化影响的中国组织情境下，相对于独立型自我构念和互依型自我构念，关系型自我更容易被激发。关系型自我构念强调对人际关系依赖的重视，并可能对互动对象、互动形式与内容要求更高，因此可能对角色外人际互动不够"情绪敏感"。

此外，关系型自我构念与其他自我建构的理论差异在于其更加重视人际的依赖性，这种依赖性源于对关系需求和归属需求的需要。高关系型自我构念者需要适应各种关系背景，而不是保持一种不变的关系状态。因此，他们对互动的对象和互动的质量可能有更高的要求。高关系型自我构念通过发展和维持密切和谐的关系来定义自己，他们对于识别、编码和处理那些有益于构建与重要他人之间关系的事件更为重视，也因此对个体评价其是否获得他人的尊重和认可有更高的、更敏锐的要求。比如，当个体处于高度的关系型自我认知时，其对于自身以及所处周围的联系将被抽象为与关键或亲密人员的关系强度，并将这种亲密感的寻求作为驱动力。因此，研究人员认为，角色外人际互动所带来的社会接纳感可能会被高关系型自我构念对亲密关系的高要求而削弱。

基于此，研究人员提出：

①$H_{13}$：关系型自我构念负向调节了角色外人际互动通过社会接纳对和谐型工作激情与角色内绩效的链式中介作用。

②$H_{14}$：关系型自我构念负向调节了角色外人际互动通过社会接纳对强迫型工作激情与角色内绩效的链式中介作用。

③$H_{15}$：关系型自我构念负向调节了角色外人际互动通过社会接纳对和谐型工作激情与人际公民行为的链式中介作用。

④$H_{16}$：关系型自我构念负向调节了角色外人际互动通过社会接纳对强迫型工作激情与人际公民行为的链式中介作用。

⑤$H_{17}$：关系型自我构念负向调节了角色外人际互动通过积极情绪对和谐型工作激情与角色内绩效的链式中介作用。

⑥$H_{18}$：关系型自我构念负向调节了角色外人际互动通过积极情绪对强迫型工作激情对角色内绩效的链式中介作用。

⑦$H_{19}$：关系型自我构念负向调节了角色外人际互动通过积极情绪对和谐型工作激情与人际公民行为的链式中介作用。

⑧$H_{20}$：关系型自我构念负向调节了角色外人际互动通过积极情绪对强迫型工作激情与人际公民行为的链式中介作用。

（2）政治技能的调节作用。

政治技能既是一种重要的理解他人和影响他人的能力，也是一种个人特质。一方面，政治技能容易让人产生积极的情绪体验，另一方面，政治技能也容易让人产生受欢迎和被接纳的人际评价。受本土社会文化的影响，职场中的"关系"需要投入相当的时间与资源来建立、维系、发展或重建，而政治技能则是个体在高权力距离、集体主义、关系本位思想的组织政治环境中取得成功的一项重要因素，是一类反映个体能力特质的成熟概念。因此，根据认知情感系统理论的研究框架，政治技能作为一种特质，其与作为环境事件的角色外人际互动相互作用时，也可能会影响一定的认知和情感。

具体而言，高政治技能的个体能够轻松驾驭组织所需的社交能力，能够通过与他人进行有效互动，并能够根据情境需要实施有效的人际影响。

他们在人际互动中可能是一个敏锐的观察者，能够迅速找到恰当的方式组织、参与或回应互动中的各项需求。与此同时，他们还善于调节自己的表现，使自己在互动中表现出高度的真诚而促进彼此良好的情感氛围感知。这种能力与魅力很容易放大角色外人际互动的积极感受并引起积极的情感反应。

然而，费里斯（Ferris）等还指出，政治技能也是一种个人资源。这种资源能够使得具备高政治技能的个体应对困难与威胁，包括任务或人际关系中的问题。高政治技能者往往有超群的关系网络能力，非常擅长与不同的人或群体建立不同人际关系网络，既能够主动构建自己的关系圈子，也善于融入相关社群。因此，高政治技能的个体更可能通过角色外人际互动而提升被群体接纳的感知。

基于此，研究人员提出：

①$H_{21}$：政治技能正向调节了角色外人际互动通过社会接纳对和谐型工作激情与角色内绩效的链式中介作用。

②$H_{22}$：政治技能正向调节了角色外人际互动通过社会接纳对强迫型工作激情与角色内绩效的链式中介作用。

③$H_{23}$：政治技能正向调节了角色外人际互动通过社会接纳对和谐型工作激情与人际公民行为的链式中介作用。

④$H_{24}$：政治技能正向调节了角色外人际互动通过社会接纳对强迫型工作激情与人际公民行为的链式中介作用。

⑤$H_{25}$：政治技能正向调节了角色外人际互动通过积极情绪对和谐型工作激情与角色内绩效的链式中介作用。

⑥$H_{26}$：政治技能正向调节了角色外人际互动通过积极情绪对强迫型工作激情与角色内绩效的链式中介作用。

⑦$H_{27}$：政治技能正向调节了角色外人际互动通过积极情绪对和谐型工作激情与人际公民行为的链式中介作用。

⑧$H_{28}$：政治技能正向调节了角色外人际互动通过积极情绪对强迫型工作激情与人际公民行为的链式中介作用。

## 4.3  本章小结

综上，研究人员在对角色外人际互动概念进行研究的基础上，提出了一个整合的整体模型，探讨了角色外人际互动对工作绩效的影响机制及其边界条件。整体模型的研究假设汇总见表4-1。

表4-1  研究假设汇总

| 变量效应 | 编号 | 研究假设 |
|---|---|---|
| 主效应 | $H_1$ | 角色外人际互动正向促进角色内绩效 |
| | $H_2$ | 角色外人际互动正向促进人际公民行为 |
| 中介效应 | $H_3$ | 角色外人际互动正向促进社会接纳 |
| | $H_4$ | 角色外人际互动通过社会接纳与和谐型工作激情的链式中介作用正向促进角色内绩效。其中，社会接纳会促进和谐型工作激情，且整体中介效应为正 |
| | $H_5$ | 角色外人际互动通过社会接纳与强迫型工作激情的链式中介作用正向促进角色内绩效。其中，社会接纳会降低强迫型工作激情，但整体中介效应为正 |
| | $H_6$ | 角色外人际互动通过社会接纳与和谐型工作激情的链式中介作用正向促进人际公民行为。其中，社会接纳会促进和谐型工作激情，且整体中介效应为正 |
| | $H_7$ | 角色外人际互动通过社会接纳与强迫型工作激情的链式中介作用正向促进人际公民行为。其中，社会接纳会降低强迫型工作激情，但整体中介效应为正 |
| | $H_8$ | 角色外人际互动正向促进积极情绪 |
| | $H_9$ | 角色外人际互动通过积极情绪与和谐型工作激情的链式中介作用正向促进角色内绩效。其中，积极情绪会促进和谐型工作激情，且整体中介效应为正 |
| | $H_{10}$ | 角色外人际互动通过积极情绪与强迫型工作激情的链式中介作用正向促进角色内绩效。其中，积极情绪降低强迫型工作激情，但整体中介效应为正 |
| | $H_{11}$ | 角色外人际互动通过积极情绪与和谐型工作激情的链式中介作用正向促进人际公民行为。其中，积极情绪会促进和谐型工作激情，且整体中介效应为正 |
| | $H_{12}$ | 角色外人际互动通过积极情绪与强迫型工作激情的链式中介作用正向促进人际公民行为。其中，积极情绪降低强迫型工作激情，但整体中介效应为正 |

表4-1(续)

| 变量效应 | 编号 | 研究假设 |
|---|---|---|
| 有调节的中介效应 | $H_{13}$ | 关系型自我构念负向调节了角色外人际互动通过社会接纳对和谐型工作激情与角色内绩效的链式中介作用 |
| | $H_{14}$ | 关系型自我构念负向调节了角色外人际互动通过社会接纳对强迫型工作激情与角色内绩效的链式中介作用 |
| | $H_{15}$ | 关系型自我构念负向调节了角色外人际互动通过社会接纳对和谐型工作激情与人际公民行为的链式中介作用 |
| | $H_{16}$ | 关系型自我构念负向调节了角色外人际互动通过社会接纳对强迫型工作激情与人际公民行为的链式中介作用 |
| | $H_{17}$ | 关系型自我构念负向调节了角色外人际互动通过积极情绪对和谐型工作激情与角色内绩效的链式中介作用 |
| | $H_{18}$ | 关系型自我构念负向调节了角色外人际互动通过积极情绪对强迫型工作激情与角色内绩效的链式中介作用 |
| | $H_{19}$ | 关系型自我构念负向调节了角色外人际互动通过积极情绪对和谐型工作激情与人际公民行为的链式中介作用 |
| | $H_{20}$ | 关系型自我构念负向调节了角色外人际互动通过积极情绪对强迫型工作激情与人际公民行为的链式中介作用 |
| | $H_{21}$ | 政治技能正向调节了角色外人际互动通过社会接纳对和谐型工作激情与角色内绩效的链式中介作用 |
| | $H_{22}$ | 政治技能正向调节了角色外人际互动通过社会接纳对强迫型工作激情与角色内绩效的链式中介作用 |
| | $H_{23}$ | 政治技能正向调节了角色外人际互动通过社会接纳对和谐型工作激情与人际公民行为的链式中介作用 |
| | $H_{24}$ | 政治技能正向调节了角色外人际互动通过社会接纳对强迫型工作激情与人际公民行为的链式中介作用 |
| | $H_{25}$ | 政治技能正向调节了角色外人际互动通过积极情绪对和谐型工作激情与角色内绩效的链式中介作用 |
| | $H_{26}$ | 政治技能正向调节了角色外人际互动通过积极情绪对强迫型工作激情与角色内绩效的链式中介作用 |
| | $H_{27}$ | 政治技能正向调节了角色外人际互动通过积极情绪对和谐型工作激情与人际公民行为的链式中介作用 |
| | $H_{28}$ | 政治技能正向调节了角色外人际互动通过积极情绪对强迫型工作激情与人际公民行为的链式中介作用 |

# 5　研究设计与数据分析

## 5.1　各变量的测量

本章主要对研究理论模型中的角色外人际互动、角色内绩效、人际公民行为、和谐型工作激情、强迫型工作激情、积极情绪、社会接纳、关系型自我构念和政治技能这 9 个变量的测量量表和选用的控制变量进行详阐述。

除了角色外人际互动量表为自编量表外，其余量表均是在考虑其操作性定义的基础上，选用的英文量表，并采用"翻译—回译"方式对量表条目进行描述性确定，以确保中文版本的量表能够与原量表保持同一性。为了保持研究数据量纲的一致性，研究中所用量表均采用李克特 5 点计分法。

（1）角色外人际互动的测量。

在操作性层面，本书将角色外人际互动定义为一种基于以往或当前工作角色关系的、非工作规范要求下的人际互动，是组织成员通过调整或超越自身对角色的认知而发起或参与的互动活动。研究人员采用前期自主开发的角色外人际互动 3 维度量表。该量表采用自评方式，代表了个体对在本土组织情境中对角色外人际互动的体验与感知。在前期研究中，研究人员通过预测试和正式量表检验等环节验证了角色外人际互动自编量表的有效性。量表共 12 个题项，其中，1~4 题测量归属型互动，5~9 题测量休闲型互动，10~12 题测量情感型互动，无反向计分题。

角色外人际互动正式量表见表 5-1。

表 5-1　角色外人际互动正式量表

| 维度 | | 题项 |
|---|---|---|
| 归属型互动 | ERI-1 | 我和同事会组织一些增进友谊的社交活动 |
| | ERI-2 | 我和同事会组织一些共同爱好的活动 |
| | ERI-3 | 我和同事会组织、参加一些放松身心的户外活动 |
| | ERI-4 | 如果时间允许，我和同事会相约参加一些志愿者活动 |
| 休闲型互动 | ERI-5 | 工作之余，我和同事因为共同的兴趣爱好建立联系 |
| | ERI-6 | 工作之余，我和同事进行一些休闲消遣的活动 |
| | ERI-7 | 工作之余，我和同事会参加一些休闲娱乐的活动 |
| | ERI-8 | 工作之余，我和同事会组建一些兴趣小组 |
| | ERI-9 | 工作之余，我和同事会组织一些小型家庭聚会 |
| 情感型互动 | ERI-10 | 我和同事会通过聚餐来增进感情 |
| | ERI-11 | 在重要节日或生日，我和同事会相互问候、送上祝福 |
| | ERI-12 | 我和同事会因为共同关心的话题建立联系 |

（2）工作绩效的测量。

本研究聚焦于工作绩效的两个视角：角色内的基本职能与角色外的相关行为，因此选用了 2 个变量及对应量表。针对角色内绩效的测量，研究人员选用 Williams 和 Anderson 编制的单维度量表展开研究。量表共 7 个题项，其中"我会忽视自己应该按质按量完成的本职工作"和"在工作中我没有承担起最基本的责任"为反向计分题。

角色内绩效测量量表见表 5-2。

表 5-2　角色内绩效测量量表

| 编号 | 问卷条目 |
|---|---|
| IRP-1 | 我能充分完成组织指定的工作任务 |
| IRP-2 | 我能履行工作描述中明确指定的责任 |
| IRP-3 | 我能完成被期望的任务 |
| IRP-4 | 我能做到工作要求的行为表现 |
| IRP-5 | 我能参与直接对工作绩效产生影响的活动 |

表5-2(续)

| 编号 | 问卷条目 |
|------|----------|
| IRP-6 | 我会忽视自己应该按质按量完成的本职工作（R） |
| IRP-7 | 在工作中我没有承担起最基本的责任（R） |

除围绕任务变革以外，关系导向的绩效也是工作绩效的重要组成部分。巴克斯代尔（Barksdale）和沃纳（Werner）指出，组织对员工总体绩效的评价不仅包括其角色内绩效，还包括其组织公民绩效中的人际公民行为。研究人员采用 Williams 和 Anderson 编制的单维度量表，一共 6 个题项，包括"我会帮助因事没在岗位上的同事""我会帮助一些工作繁重的同事"等。

人际公民行为测量量表见表5-3。

表5-3　人际公民行为测量量表

| 编号 | 问卷条目 |
|------|----------|
| ICB-1 | 我会帮助因事没在岗位上的同事 |
| ICB -2 | 我会帮助一些工作繁重的同事 |
| ICB -3 | 即便领导没有提出要求，我也会协助他/她完成一些工作 |
| ICB -4 | 我会花时间倾听同事的问题和担忧 |
| ICB -5 | 我会帮助新同事 |
| ICB -6 | 我乐于将信息传递给同事 |

（3）工作激情的测量。

本研究将分别探讨和谐型工作激情和强迫型工作激情的中介作用，使用 Vellerand 等编制的二维度的工作激情量表进行测量。该量表共 14 个题项，其中 7 个题项为和谐型工作激情，7 个题项为强迫型工作激情。和谐型工作激情的样本题项如"我很喜欢自己的工作"；强迫型工作激情的样本题项如"我工作欲望十分强烈导致无法自拔"。

工作激情测量量表见表5-4。

表 5-4　工作激情测量量表

| 维度 | 编号 | 问卷条目 |
|---|---|---|
| 强迫型<br>工作激情 | OP-1 | 我不得不做这份工作 |
| | OP-2 | 没有这份工作我可能不能生活 |
| | OP-3 | 很难想象没有这份工作我的生活是怎样的 |
| | OP-4 | 我在情感上非常依赖这份工作 |
| | OP-5 | 我很难控制自己做这份工作的需要 |
| | OP-6 | 我的心情取决于自己能否做好这项工作 |
| | OP-7 | 我对这份工作有一种被强迫的感觉 |
| 和谐型<br>工作激情 | HP-1 | 这项工作让我经历了各种各样丰富的体验 |
| | HP-2 | 我在工作中发现的新事物使我更加喜欢这份工作了 |
| | HP-3 | 这份工作带给了我难忘的经历 |
| | HP-4 | 我的个人优势在这份工作中得到体现 |
| | HP-5 | 这份工作与我生活中其他活动是相协调的 |
| | HP-6 | 尽管我对工作有激情，但我仍能控制得当 |
| | HP-7 | 我完全被自己目前的工作吸引住了 |

（4）社会接纳的测量。

本研究使用的社会接纳量表参考 Scott 和 Judge 编制的受欢迎量表，并对题项和题量进行了修订，以体现"个体获得了他人或群体的欢迎、认可以及正面的、积极的评价"。正式采用的量表共 6 个题项，具体见表 5-5。

表 5-5　社会接纳测量量表

| 编号 | 问卷条目 |
|---|---|
| SA-1 | 我的同事是接纳我的 |
| SA-2 | 我与同事关系密切 |
| SA-3 | 在工作中我有归属感 |
| SA-4 | 我在同事面前有社交存在感 |
| SA-5 | 我感觉到与他人是有连接的 |
| SA-6 | 我感到在工作中是被包容和重视的 |

（5）积极情绪的测量。

许多关于积极情绪的研究都采用由沃森（Watson）、克拉克（Clark）和特勒根（Tellegen）编制的 PANAS 情绪自评量表。本研究采用 PANAS 量表积极情绪的测量部分，并针对在个体实施、组织或参与了角色外人际互动后的一周到数周时间内，对其中活跃的、充满热情的、快乐的、兴高采烈的、欣喜的、兴奋的、精力充沛的、感激的 8 个积极情绪状态进行测量。

积极情绪测量量表见表 5-6。

表 5-6　积极情绪测量量表

| 编号 | 问卷条目 |
|------|----------|
| PA-1 | 活跃的 |
| PA-2 | 充满热情的 |
| PA-3 | 快乐的 |
| PA-4 | 兴高采烈的 |
| PA-5 | 欣喜的 |
| PA-6 | 兴奋的 |
| PA-7 | 精力充沛的 |
| PA-8 | 感激的 |

（6）关系型自我构念的测量。

关系型自我构念相对其他个体构念，倾向于将自我与其所在关系连接在一起，因此本研究借鉴克罗斯（Cross）等的界定，将关系型自我构念描述为根据与他人的亲密关系来定义自我的一种自我构念。本研究沿用这个定义及其对应的测量方式，即使用关系型自我构念量表（RISCs）来直接测量个体从自我与亲密他人的关系中建构自我的程度。该量表共 11 个题项且为单维结构，包括"我认为，与谁保持密切关系是对我个人的重要反映"等 9 个正向计分题，以及"总体来说，谁与我关系密切对我定位自己几乎没有影响"和"我感觉谁与我关系密切都不重要"2 个反向计分题。

关系型自我构念测量量表见表 5-7。

表 5-7 关系型自我构念测量量表

| 编号 | 问卷条目 |
|---|---|
| RISC-1 | 我认为，与谁保持密切关系是对我个人的重要反映 |
| RISC-2 | 当和某个人关系非常密切时，我常常会觉得那个人也是我的重要组成部分 |
| RISC-3 | 当和我关系密切的朋友取得重要成就时，我会经常感到强烈的自豪 |
| RISC-4 | 我认为，通过观察了解与我关系密切朋友，就能发现我是什么样的人 |
| RISC-5 | 当想到我自己时，我也经常会想到与我关系亲密的朋友或家人 |
| RISC-6 | 如果与我关系密切的人受到伤害，我也会有受伤的感觉 |
| RISC-7 | 我非常看重与人的密切联系，并把它视为个人形象的重要组成部分 |
| RISC-8 | 总体来说，谁与我关系密切对我定位自己几乎没有影响（R） |
| RISC-9 | 我感觉谁与我关系密切都不重要（R） |
| RISC-10 | 当想到那些与我关系密切的朋友时，我就会产生自豪感 |
| RISC-11 | 当我与某人建立深厚的友谊时，我通常会对那个人产生强烈的认同感 |

（7）政治技能的测量。

本书以费里斯（Ferris）等对政治技能的定义为基础，主要从人际能力角度测量该变量，因此使用的量表是 1999 年由费里斯（Ferris）等开发的 6 项政治技能单维度量表（political skill inventory），该表包含"我很容易和大多数人建立良好的关系""我能够让大多数人在我身边感到舒适和自在"等题目。

政治技能测量量表见表 5-8。

表 5-8 政治技能测量量表

| 编号 | 问卷条目 |
|---|---|
| PS-1 | 我很容易和大多数人建立良好的关系 |
| PS-2 | 我能够让大多数人在我身边感到舒适和自在 |
| PS-3 | 我善于让别人对我做出积极的反应 |
| PS-4 | 我通常试图找到与他人的共同点 |
| PS-5 | 我发现想象自己处于别人的位置很容易 |
| PS-6 | 我认为自己很了解别人 |

（8）控制变量的选择。

此外，本研究还对可能影响互动及其行为选择的部分人口统计学变量进行了控制，主要包括性别、年龄、学历、工作年限和组织类型。在调查问卷的基本信息部分，以选择题和填空题的方式收集，具体内容见附录。

## 5.2 调研程序

### 5.2.1 调研方法

研究人员在实证研究部分通过发放调查问卷获取研究数据。在程序上，研究人员根据研究模型设定中对变量内涵的界定确定研究测量工具。在确定量表时，研究人员主要遵循稳定性、可操作性、表达清晰等原则。除角色外人际互动量表为研究前期的自编问卷，其余 8 个量表均采用在高水平期刊发表并且得到广泛验证的量表。这些量表均被证实具有良好的统计意义，并且部分量表的中文版也在跨文化地区，尤其是东亚文化背景下使用过。在确定好使用量表后，研究人员根据模型设定分别编制三阶段的调查问卷。

研究人员共开展了三阶段追踪调查，在问卷设置上，体例结构相同完备、具体调查变量有差异。采用相同的体例结构能够在一定程度上减少问卷填写人员对填写内容的布局安排的生疏感，提高填答效率。从问卷完备性来看，每轮调查问卷都依次包含了问卷指导语、个人基本信息、各阶段变量问题和结束语。每轮问卷的差异部分都包括问卷指导语和各阶段变量问题两部分，具体内容在附录中呈现。

为了增强研究结论的稳定性与外部效度，研究人员将国内不同组织类型、不同省份的城市和年龄阶段的组织成员作为研究样本。数据收集总共分为三个阶段，每次间隔大约一个月。在第一阶段调研中，受访者被告知研究的目的后，对自己当前在组织中与领导或同事所进行过的角色外人际互动、关系型自我构念、政治技能和基本人口统计信息进行了汇报。在一个月后进行的第二阶段调研中，受访者对实施、组织或参与到角色外人际互动后持续一周至数周的积极情绪、社会接纳，以及和谐型工作激情和强迫型工作激情进行了评价。在第二阶段结束后的一个月左右进行了第三阶段调研，主要对受访者的后续的工作绩效，包括角色内绩效和人际公民行为进行了测量。

　　研究人员共采用两种方式获取数据。在前期阶段，研究人员对前期有工作往来的西南地区若干组织中的成员采用邀请制方式收集信息，这部分对象大多来自周边企业，还有部分高校及其他类型事业单位，以及少数的政府部门人员。确定这些调研对象的依据是，在相关业务或工作交流的基础上，研究者有机会与受访者对角色外人际互动的内涵进行面对面或其他形式的沟通和解释，并且能够得到较为积极的调研支持，另外，能够保证受访对方的客观多元化来源。此外，对于这部分受访者，其追踪数据的回收率也能够得到一定程度的保证。由于数据收集的相对分散性，这部分的数据收集时间较为零散。为了便于数据的整理，研究者通过网络平台的方式转发给受访者，并在后期进行受访对象维护。对于这类受访者，在研究开始时，研究人员将通过电话、语音、微信等方式与其沟通，在调查背景和主题并征得对方支持后，进行隐私及匿名承诺，随后将问卷的线上填写链接方式发放给参与调查人员。

　　由于分阶段收集数据都不可避免地会面临后期数据流失，为提高问卷覆盖面，研究人员还同步利用网络数据调研平台"见数（Credamo）"进行了数据收集，并通过邀请方式填写。对于网络收集的匿名数据，研究人员通过受访者在网络问卷平台预留的 ID 等标识信息进行配对。

### 5.2.2　数据搜集与样本信息

　　为了便于数据统计和整理，降低数据录入时的误差，本研究均采用线上电子问卷的形式进行调研。针对不同渠道的调研对象，本研究均分别进行了三轮的数据收集。从统计情况来看，在第一轮参加的共有 1 400 名受访者。时隔 1 个月后，研究人员对第一轮参加受访的对象发起第二轮追踪问卷，该轮共回收匹配 952 份问卷。时隔 1 个月，研究人员再次发起第三轮追踪问卷，最终三轮共回收匹配 831 份问卷。剔除了填写时间过短、问卷填写不完全，或问卷作答具有明显规律性却无法找到合理解释的无效数据共计 42 份，最终获得有效问卷 789 份。三阶段最终回收匹配有效率 56.357%。数据分析是在所有途径填写的问卷匹配之后进行的。

　　本研究使用的量表均采用李克特 5 点量表计分，共收集了 9 个变量的测量信息。从描述性统计特征看，该样本对象性别比较均衡，所在组织类型、学历层次等都具有一定的差异化，年龄分布在 20~40 岁，并且大多具有 5 年以上的工作经历，样本代表性适合开展检验。

正式样本人口统计学特征见表5-9。

表5-9　正式样本人口统计学特征（N=789）

| 变量 | | 人数/人 | 百分比/% |
|---|---|---|---|
| 性别 | 男 | 369 | 46.768 |
| | 女 | 420 | 53.232 |
| 组织类型 | 政府部门 | 16 | 2.028 |
| | 事业单位 | 75 | 9.506 |
| | 国有企业 | 205 | 25.982 |
| | 民营企业 | 472 | 59.822 |
| | 其他 | 21 | 2.662 |
| 学历 | 专科及以下 | 70 | 8.872 |
| | 本科 | 577 | 73.131 |
| | 硕士研究生及以上 | 142 | 17.997 |
| 年龄 | 20岁（含）以下 | 12 | 1.521 |
| | 21~30岁 | 294 | 37.262 |
| | 31~40岁 | 395 | 50.063 |
| | 41~50岁 | 76 | 9.633 |
| | 51~60岁 | 12 | 1.521 |
| 工作年限 | 3年（不含）以下 | 101 | 12.801 |
| | 3~5年 | 153 | 19.392 |
| | 6~10年 | 277 | 35.108 |
| | 11~15年 | 171 | 21.673 |
| | 16年及以上 | 87 | 11.026 |

## 5.3　统计分析方法与程序

本研究综合使用SPSS 23.0、Amos 28.0和Mplus 8.3等软件作为实证研究部分的统计分析工具。其中SPSS 23.0用于对角色外人际互动、关系型自我构念、政治技能、社会接纳、积极情绪、和谐式工作激情、强迫式工作激情、角色内绩效、人际公民行为 9 个变量量表进行信效度分析、描述性统计分析、相关性检验；Amos 28.0 用于验证性因子分析（CFA）；Mplus 8.3 用于研究模型的假设检验。

在进行假设检验前，为了避免潜在的共同方法偏差和多重共线性问题对研究结论的干扰，研究人员还开展了共同方法偏差检验和多重共线性检验。在此基础上，研究人员构建了现行模型依次检验了理论模型的主效应、链式中介效应和有调节的链式中介效应，运算方法采用极大似然估计和 bootstrap 抽样等。

在检验调节作用时，本研究首先运用 SPSS 23.0 软件计算自变量角色外人际互动与调节变量关系型自我构念和政治技能的标准化值及其交互项，利用 Mplus 8.3 软件对整体模型进行路径系数估计、有调节的中介效应估计及其对应的显著性检验，计算交互项对积极情绪和社会接纳的效应值，判断是否显著和支持研究假设。在此基础上，研究人员分别计算调节变量"高/低"（均值+/-1 个标准差）时的调节情况，并绘制了不同情况下的调节效应图。

## 5.4 数据统计分析

### 5.4.1 变量的描述性统计分析

研究人员使用 SPSS 23.0 软件对模型中的 9 个主要变量以及控制变量做描述性统计，各变量的均值、标准差，以及两两相关系数及其显著性情况见表 5-10。

根据描述统计分析来看，整体模型的自变量角色外人际互动与中介变量（社会接纳、积极情绪、和谐型工作激情）、调节变量（关系型自我构念和政治技能）和因变量（角色内绩效和人际公民行为）呈正向显著相关关系，而强迫型激情与其他各主变量呈负向显著相关关系。相关系数结果能够大致支撑本研究人员前期所提出的研究假设。下一步，研究人员将在继续对数据进行检验的基础上通过路径分析检验各变量之间的关系。

表5-10 变量的均值、标准差和相关系数

| 项目 | 1 | 2 | 3 | 4 | 5 | 6 | 7 | 8 | 9 | 10 | 11 | 12 | 13 | 14 |
|---|---|---|---|---|---|---|---|---|---|---|---|---|---|---|
| 1. 性别 | | | | | | | | | | | | | | |
| 2. 年龄 | -0.214** | | | | | | | | | | | | | |
| 3. 组织类型 | 0.001 | -0.080* | | | | | | | | | | | | |
| 4. 工作年限 | -0.226** | 0.875** | -0.112** | | | | | | | | | | | |
| 5. 学历 | 0.065 | -0.068 | -0.090* | -0.082* | | | | | | | | | | |
| 6. 角色外人际互动 | -0.073* | 0.253** | -0.033 | 0.264** | 0.054 | | | | | | | | | |
| 7. 社会接纳 | -0.130** | 0.154** | -0.016 | 0.199** | 0.010 | 0.435** | | | | | | | | |
| 8. 积极情绪 | -0.019 | 0.183** | -0.115** | 0.212** | 0.108* | 0.631** | 0.479** | | | | | | | |
| 9. 和谐型工作激情 | -0.066 | 0.208** | -0.063 | 0.239** | 0.065 | 0.656** | 0.517** | 0.731** | | | | | | |
| 10. 强迫型工作激情 | 0.041 | -0.028 | -0.045 | -0.086* | -0.135** | -0.173** | -0.136** | -0.230** | -0.232** | | | | | |
| 11. 关系型自我构念 | -0.015 | 0.122** | -0.033 | 0.143** | 0.012 | 0.275** | 0.412** | 0.294** | 0.344** | -0.165** | | | | |
| 12. 政治技能 | -0.027 | 0.051 | -0.083* | 0.073* | 0.038 | 0.225** | 0.326** | 0.246** | 0.272** | -0.197** | 0.750** | | | |
| 13. 角色内绩效 | -0.060 | 0.182** | 0.022 | 0.228** | -0.061 | 0.438** | 0.360** | 0.358** | 0.429** | -0.300** | 0.209** | 0.228** | | |
| 14. 人际公民行为 | -0.059 | 0.240** | -0.070 | 0.267** | 0.015 | 0.493** | 0.357** | 0.448** | 0.470** | -0.320** | 0.156** | 0.116** | 0.303** | |
| Mean（样本平均数） | 1.532 | 32.592 | 2.459 | 2.987 | 2.096 | 4.117 | 4.300 | 4.104 | 4.359 | 2.476 | 4.262 | 4.205 | 4.517 | 4.326 |
| SD（样本标准差） | 0.499 | 6.638 | 0.985 | 1.168 | 0.529 | 0.441 | 0.360 | 0.615 | 0.474 | 0.715 | 0.481 | 0.548 | 0.400 | 0.553 |

注：* 为 $p < 0.05$（双尾），** 为 $p < 0.01$（双尾）。

### 5.4.2 信度检验

由于研究人员所使用的变量测量工具包含自编量表和翻译量表，为确保后续研究数据验证的可靠性，本章将进一步对测量数据进行信度检验，以保证其测量变量的可靠性和稳定性。研究人员采用 Cronbach's $\alpha$ 值来反映各变量量表的内部一致性信度。通常来说，Cronbach's $\alpha$ 值越高，代表系统误差越小，说明收集的数据一致性程度越高，反映该量表测量的稳定性。比较理想的 Cronbach's $\alpha$ 值应该在 0.80 及以上，若 Cronbach's $\alpha$ 值位于 0.7~0.8，也表示具有较好的信度；若 Cronbach's $\alpha$ 值位于 0.6~0.7，许多研究也认为能够接受。

本部分对角色外人际互动、关系型自我构念、政治技能、社会接纳、积极情绪、和谐式工作激情、强迫式工作激情、角色内绩效、人际公民行为 9 个变量进行了检验。具体信度检验情况见表 5-11。表 5-11 可知，所有变量的 Cronbach's $\alpha$ 值均在 0.7 以上，且大部分大于 0.8，表示研究所使用量表的信度通过了基本验证。

表 5-11　量表的信度检验情况 ($N=789$)

| 变量 | 条目数 | Cronbach's $\alpha$ 信度 |
| --- | --- | --- |
| 角色外人际互动 | 12 | 0.857 |
| 关系型自我构念 | 11 | 0.903 |
| 政治技能 | 6 | 0.848 |
| 社会接纳 | 6 | 0.775 |
| 积极情绪 | 6 | 0.842 |
| 和谐型工作激情 | 7 | 0.820 |
| 强迫型工作激情 | 7 | 0.830 |
| 角色内绩效 | 7 | 0.830 |
| 人际公民行为 | 6 | 0.864 |

### 5.4.3 效度检验

效度检验是对测量工具能够有效测量目标内容的重要反应，是确保后续研究结果可靠的重要前提，通常在信度检验后进行验证。从检验方式和目的来看，效度分析包括内容效度检验、收敛效度检验、区分效度检验等方式，其各有检验侧重点。本书将对量表数据分别开展内容校区、收敛效度和区分效度的检验。

#### 5.4.3.1 内容效度检验

内容效度是对测量内容（通常是问卷条目的表述）在多大程度上能够代表研究者所要测量的构念内容的反映。对于内容效度的检验，通常可采用相关专业人员参与评价等方式进行。具体而言，研究人员使用的问卷包括自编角色外人际互动问卷，以及翻译使用的 8 个英文原始问卷。

针对自编问卷的内容效度检验，在前期开展量表开发的过程中已经完成。具体而言，在量表编制过程中，研究人员首先邀请了 2 位本领域的教授和 2 名企业中人力资源部门负责人对根据扎根编码所形成的题目表述做评价。评价方式采取提出"同意/不同意"的方式投票，并对需要修改的地方进行了意见反馈。在对题项的内容效度评价中，研究人员主要针对题项对角色外人际互动的代表性，以及对该概念的覆盖程度两方面进行评估。通过预测试和正式测试共 2 轮问卷收集和检验，研究人员得到了较为稳定有效的 3 维度 12 题项的角色外人际互动量表。

此外，针对整体模型中涉及的积极情绪、社会接纳等 8 个变量的翻译量表，研究人员对英文原始量表进行了第一轮翻译，随后请英文专业人员再次翻译，以保证内容的一致性，在此基础上对表述进行调整。由于这些变量均为经过许多研究检验并发表在权威期刊上的成熟量表，因此研究人员认为其内容效度能够得到验证并主要将关注点放在如何用合适的语言描述其测量内容。

#### 5.4.3.2 收敛效度检验

变量是对某一概念关键内涵的指代，因此其应该具备较好的收敛性，从题项信息来看，变量内部各测量题项之间需要具备一定的相关程度。若采用验证性因子方法进行分析，根据吴明隆的建议，这些测量条目会落在一个共同的因子上。

常用的评价收敛效度指标主要包括平均方差提取值（AVE）和组合信度（CR）。此外，还有研究建议还可以同步考察测量条目的标准化回归系数（SRW）、复合相关系数（SMC）和临界比（C. R.）等作为参考。根据相关标准建议，AVE 建议大于 0.5，CR 建议大于 0.6。

研究人员使用 Amos 28.0 统计软件，对角色外人际互动、关系型自我构念、政治技能、社会接纳、积极情绪、和谐式工作激情、强迫式工作激情、角色内绩效、人际公民行为 9 个潜变量的测量模型进行验证性因子分析。除个别外，潜变量与其各个条目的标准化回归系数介于 0.455～0.895，且均在 $p<0.001$ 的水平上达到显著；临界比介于 9.529～20.561 均大于1.96，在 $p<0.05$ 的水平上达到显著；复合相关系数除部分指标外，均大于 0.4。除角色外人际互动的组合信度小于 0.7 外，其余潜变量的组合信度 CR 介于 0.785～0.905，均大于 0.7。除角色外人际互动以外，其余潜变量平均方差提取值 AVE 均大于 0.4。各变量的收敛效度得到初步检验。

验证性因子分析结果见表 5-12。

表5-12 验证性因子分析结果

| 潜变量（维度） | 题项 | 模型参数估计值 | | | | | | 收敛效度 | |
|---|---|---|---|---|---|---|---|---|---|
| | | RW | S. E. | C. R. | $p$ | SRW | SMC | CR | AVE |
| 角色外人际互动（归属型互动） | ERI-1 | 1.000 | | | | 0.603 | 0.363 | 0.785 | 0.479 |
| | ERI-2 | 1.345 | 0.085 | 15.786 | *** | 0.748 | 0.559 | | |
| | ERI-3 | 1.255 | 0.084 | 14.934 | *** | 0.687 | 0.472 | | |
| | ERI-4 | 1.863 | 0.121 | 15.449 | *** | 0.723 | 0.522 | | |
| 角色外人际互动（休闲型互动） | ERI-5 | 1.000 | | | | 0.706 | 0.499 | 0.739 | 0.365 |
| | ERI-6 | 0.758 | 0.060 | 12.685 | *** | 0.505 | 0.255 | | |
| | ERI-7 | 0.829 | 0.058 | 14.334 | *** | 0.575 | 0.33 | | |
| | ERI-8 | 1.039 | 0.066 | 15.792 | *** | 0.639 | 0.408 | | |
| | ERI-9 | 0.718 | 0.05 | 14.343 | *** | 0.575 | 0.331 | | |
| 角色外人际互动（情感型互动） | ERI-10 | 1.000 | | | | 0.488 | 0.238 | 0.654 | 0.302 |
| | ERI-11 | 1.137 | 0.119 | 9.529 | *** | 0.568 | 0.322 | | |
| | ERI-12 | 0.938 | 0.097 | 9.672 | *** | 0.588 | 0.346 | | |

表5-12（续）

| 潜变量（维度） | 题项 | 模型参数估计值 | | | | SRW | 收敛效度 | | |
|---|---|---|---|---|---|---|---|---|---|
| | | RW | S. E. | C. R. | $p$ | SRW | SMC | CR | AVE |
| 关系型自我构念 | RISC-1 | 1.000 | | | | 0.615 | 0.378 | 0.905 | 0.466 |
| | RISC-2 | 1.127 | 0.078 | 14.404 | *** | 0.601 | 0.361 | | |
| | RISC-3 | 1.181 | 0.071 | 16.706 | *** | 0.730 | 0.533 | | |
| | RISC-4 | 1.100 | 0.077 | 14.360 | *** | 0.599 | 0.359 | | |
| | RISC-5 | 1.128 | 0.072 | 15.777 | *** | 0.676 | 0.457 | | |
| | RISC-6 | 1.088 | 0.068 | 15.984 | *** | 0.688 | 0.473 | | |
| | RISC-7 | 1.224 | 0.076 | 16.196 | *** | 0.700 | 0.49 | | |
| | RISC-8 | 1.170 | 0.067 | 17.430 | *** | 0.775 | 0.600 | | |
| | RISC-9 | 1.142 | 0.073 | 15.717 | *** | 0.672 | 0.452 | | |
| | RISC-10 | 1.283 | 0.074 | 17.295 | *** | 0.766 | 0.587 | | |
| | RISC-11 | 1.131 | 0.073 | 15.439 | *** | 0.657 | 0.431 | | |
| 政治技能 | PS-1 | 1.000 | | | | 0.669 | 0.447 | 0.850 | 0.486 |
| | PS-2 | 0.910 | 0.058 | 15.798 | *** | 0.657 | 0.432 | | |
| | PS-3 | 0.971 | 0.059 | 16.427 | *** | 0.688 | 0.474 | | |
| | PS-4 | 1.057 | 0.062 | 16.937 | *** | 0.715 | 0.511 | | |
| | PS-5 | 1.154 | 0.071 | 16.353 | *** | 0.685 | 0.469 | | |
| | PS-6 | 1.334 | 0.075 | 17.818 | *** | 0.764 | 0.583 | | |

表5-12（续）

| 潜变量（维度） | 题项 | 模型参数估计值 | | | | | 收敛效度 | | |
|---|---|---|---|---|---|---|---|---|---|
| | | RW | S. E. | C. R. | p | SRW | SMC | CR | AVE |
| 社会接纳 | SA-1 | 1.000 | | | | 0.580 | 0.336 | 0.797 | 0.400 |
| | SA-2 | 0.896 | 0.062 | 14.359 | *** | 0.737 | 0.543 | | |
| | SA-3 | 0.874 | 0.061 | 14.222 | *** | 0.723 | 0.523 | | |
| | SA-4 | 1.363 | 0.101 | 13.516 | *** | 0.661 | 0.437 | | |
| | SA-5 | 0.884 | 0.079 | 11.131 | *** | 0.501 | 0.251 | | |
| | SA-6 | 1.111 | 0.092 | 12.027 | *** | 0.556 | 0.309 | | |
| 积极情绪 | PA-1 | 1.000 | | | | 0.667 | 0.445 | 0.844 | 0.475 |
| | PA-2 | 1.253 | 0.079 | 15.848 | *** | 0.665 | 0.443 | | |
| | PA-3 | 1.249 | 0.074 | 16.827 | *** | 0.716 | 0.513 | | |
| | PA-4 | 1.504 | 0.087 | 17.373 | *** | 0.747 | 0.558 | | |
| | PA-5 | 1.117 | 0.074 | 15.079 | *** | 0.627 | 0.393 | | |
| | PA-6 | 1.443 | 0.087 | 16.668 | *** | 0.708 | 0.501 | | |
| 和谐型工作激情 | HP-1 | 1.000 | | | | 0.742 | 0.551 | 0.828 | 0.41 |
| | HP-2 | 0.904 | 0.064 | 14.058 | *** | 0.547 | 0.300 | | |
| | HP-3 | 0.915 | 0.052 | 17.629 | *** | 0.691 | 0.477 | | |
| | HP-4 | 1.024 | 0.058 | 17.673 | *** | 0.693 | 0.48 | | |
| | HP-5 | 0.927 | 0.055 | 16.710 | *** | 0.653 | 0.426 | | |
| | HP-6 | 0.856 | 0.061 | 14.056 | *** | 0.547 | 0.299 | | |
| | HP-7 | 1.071 | 0.072 | 14.908 | *** | 0.581 | 0.337 | | |

表5-12(续)

| 潜变量（维度） | 题项 | 模型参数估计值 | | | | 收敛效度 | | | |
| --- | --- | --- | --- | --- | --- | --- | --- | --- | --- |
| | | RW | S. E. | C. R. | p | SRW | *SMC | CR | AVE |
| 强迫型工作激情 | OP-1 | 1.000 | | | | 0.567 | 0.321 | 0.830 | 0.414 |
| | OP-2 | 1.251 | 0.089 | 13.99 | *** | 0.690 | 0.476 | | |
| | OP-3 | 1.452 | 0.099 | 14.629 | *** | 0.747 | 0.558 | | |
| | OP-4 | 1.122 | 0.082 | 13.600 | *** | 0.659 | 0.434 | | |
| | OP-5 | 1.195 | 0.088 | 13.587 | *** | 0.658 | 0.433 | | |
| | OP-6 | 1.232 | 0.093 | 13.293 | *** | 0.636 | 0.404 | | |
| | OP-7 | 0.769 | 0.067 | 11.562 | *** | 0.521 | 0.271 | | |
| 角色内绩效 | IRP-1 | 1.000 | | | | 0.754 | 0.569 | 0.830 | 0.416 |
| | IRP-2 | 0.684 | 0.045 | 15.094 | *** | 0.580 | 0.336 | | |
| | IRP-3 | 0.887 | 0.049 | 17.970 | *** | 0.691 | 0.477 | | |
| | IRP-4 | 0.819 | 0.048 | 16.903 | *** | 0.649 | 0.421 | | |
| | IRP-5 | 0.883 | 0.051 | 17.224 | *** | 0.661 | 0.438 | | |
| | IRP-6 | 0.908 | 0.051 | 17.687 | *** | 0.68 | 0.462 | | |
| | IRP-7 | 0.533 | 0.045 | 11.812 | *** | 0.455 | 0.207 | | |
| 人际公民行为 | ICB-1 | 1.000 | | | | 0.658 | 0.433 | 0.862 | 0.517 |
| | ICB-2 | 0.793 | 0.058 | 13.752 | *** | 0.544 | 0.296 | | |
| | ICB-3 | 1.298 | 0.067 | 19.331 | *** | 0.812 | 0.659 | | |
| | ICB-4 | 0.807 | 0.053 | 15.226 | *** | 0.610 | 0.372 | | |
| | ICB-5 | 0.982 | 0.055 | 17.865 | *** | 0.735 | 0.540 | | |
| | ICB-6 | 1.189 | 0.058 | 20.561 | *** | 0.895 | 0.801 | | |

注：＊＊＊ $p<0.001$。

### 5.4.3.3 区分效度检验

区分效度是用于检验不同潜变量之间差异的效度检验方式，其核心观点为跨潜变量的测量条目载荷未落在共同因子上。常用的区分效度方法为AVE法。AVE法的具体操作步骤：①根据对不同潜变量的测量模型的拟合，采用AVE计算公式算出各变量的平均方法提取值；②对AVE值分别取平方根作为参照；③对各变量两两相关系数与AVE的平方根作比较。普遍认为，若某潜变量的AVE平方根值大于与其余变量的相关系数，则认为具有良好的区分效度。从区分效度检验来看，除角色外人际互动的AVE平方根0.622小于其与积极情绪的相关系数0.631，积极情绪的AVE平方根0.689小于其与和谐型工作激情的相关系数0.731，关系型自我构念的AVE平方根0.683小于其与政治技能的相关系数0.750外，各变量AVE平方根均小于对应相关系数。这表明各潜变量的区分效度基本得到检验。区分效度分析结果见表5-13。

**表5-13 区分效度分析结果**

| 测量项目 | 1 | 2 | 3 | 4 | 5 | 6 | 7 | 8 | 9 |
|---|---|---|---|---|---|---|---|---|---|
| 角色外人际互动 | 0.622 | | | | | | | | |
| 社会接纳 | 0.435 ** | 0.632 | | | | | | | |
| 积极情绪 | 0.631 ** | 0.479 ** | 0.689 | | | | | | |
| 和谐型工作激情 | 0.656 ** | 0.517 ** | 0.731 ** | 0.640 | | | | | |
| 强迫型工作激情 | -0.173 ** | -0.136 ** | -0.230 ** | -0.232 ** | 0.643 | | | | |
| 关系型自我构念 | 0.275 ** | 0.412 ** | 0.294 ** | 0.344 ** | -0.165 ** | 0.683 | | | |
| 政治技能 | 0.225 ** | 0.326 ** | 0.246 ** | 0.272 ** | -0.197 ** | 0.750 ** | 0.697 | | |
| 角色内绩效 | 0.438 ** | 0.360 ** | 0.358 ** | 0.429 ** | -0.300 ** | 0.209 ** | 0.228 ** | 0.645 | |
| 人际公民行为 | 0.493 ** | 0.357 ** | 0.448 ** | 0.470 ** | -0.320 ** | 0.156 ** | 0.116 ** | 0.303 ** | 0.719 |
| AVE | 0.387 | 0.400 | 0.475 | 0.410 | 0.414 | 0.466 | 0.486 | 0.416 | 0.517 |

注：* 为 $p<0.05$（双尾），** 为 $p<0.01$（双尾）。下划线数值表示对应潜变量AVE指标的平方根值。

### 5.4.4 共同方法偏差检验

由于本书主要聚焦组织中个体参与的角色外人际互动，以及在此基础上的个体情感反应、认知评价和后续行为结果，因此研究人员所收集的数据均为自陈式量表数据。根据研究经验，这类数据可能会因为测量方式呈现的单一性、问卷填写时的特殊情景影响，或者某些人为因素等原因，而

存在共同方法偏差的风险。为此，研究人员在研究设计和数据分析时，均
对该问题进行了考虑，以尽量避免因共同方法偏差对研究结果的影响。具
体而言，研究人员开展了事前控制和统计检验两项工作。

（1）对共同方法偏差的事前控制措施。

研究人员在调查问卷设计与发放、问卷措辞、问卷回收时间控制等方
面对共同方法偏差进行了事前考虑与设置。具体而言，在问卷设计中，研
究人员在标题和指导语部分就明确了问卷调查的主要内容，尽可能使用受
访者能接受的表达方式呈现。例如，标题明确了问卷是关于其角色外人际
互动与工作绩效的相关调查，在指导语中还强调了对调查信息的保密承
诺、本调查与受访者所在单位的非关联性等，在调查内容中也仅仅是对受
访者个体的相关基本信息而非个人身份信息进行收集，以尽可能排除因填
写顾虑而进行的粉饰回答。

从研究模型的路径逻辑来看，研究人员首先需要采集的是个体的角色
外人际互动情况，其次是互动对个体在认知评价和情感反应方面的信息，
以及进一步形成的态度倾向，最后是其基于这些前序过程后的行为选择，
因此，研究人员采用分阶段方式收集问卷。对同一范围的调研对象，每一
次收集间隔时间大约在 1 个月，并要求其回忆上一轮事件的情况。此外，
研究人员对每次发放的问卷，还进行了题项顺序的随机设置，以尽可能避
免受访者对某些关联题项的同质性回答。

（2）对共同方法偏差的统计检验。

在做好数据收集和匹配后，为检验共同方法偏差的控制情况，研究人
员采用了哈曼式单因子检测法进行统计检验。虽然目前关于共同方法偏差
的抱怨日益增多，但这种方法仍然被许多重要研究所应用，并被认为是量
表类研究中操作性强的方法之一。其判断标准主要是，若提取出的单因子
的可解释变异量大于 50%，则可能存在比较严重的问题；反之，可以初步
判断共同方法偏差问题不严重。

基于此，研究人员对所有测量条目运用 SPSS 23.0 软件进行了探索性
因子分析，分析方法选用主成分分析且未旋转因子的方式。分析结果显
示，第一因子的可解释变量为 22.354%，可以初步判断本研究数据的共同
方法偏差问题不严重，不会导致显著的虚假共同变异问题。

### 5.4.5　多重共线性检验

从前面的相关性分析来看，极少数变量之间两两相关有大于 0.6 的情

况，而如果变量间存在高度的相关关系，将可能影响后续路径分析中模型估计问题，而对研究假设造成影响。为此，研究人员还采用方差膨胀因子方法对各变量开展了多重共线性检验。根据研究建议，如果容差小于 0.1，方差膨胀因子大于 10，则表明非因变量间存在多重共线性问题；如果容差大于 0.1，方差膨胀因子小于 10，则表明非因变量间不存在多重共线性问题。

具体而言，研究人员使用 SPSS 23.0 软件将角色外人际互动、社会接纳、积极情绪、和谐型工作激情、强迫型工作激情、关系型自我构念和政治技能对角色内绩效／人际公民行为分别作回归，检验其共线性问题。由多重共线性检验结果表可以看出，本研究的非因变量的容差介于 0.375 与 0.920 之间，且方差膨胀因子介于 1.545 与 2.664 之间，表明变量间不存在显著的多重共线性问题。

多重共线性检验表见表 5-14。

表 5-14　多重共线性检验表

| 变量 | 因变量：角色内绩效 | | 因变量：人际公民行为 | |
|---|---|---|---|---|
| | 容差 | VIF | 容差 | VIF |
| 角色外人际互动 | 0.514 | 1.946 | 0.514 | 1.946 |
| 和谐型工作激情 | 0.375 | 2.664 | 0.375 | 2.664 |
| 强迫型工作激情 | 0.920 | 1.087 | 0.920 | 1.087 |
| 政治技能 | 0.432 | 2.314 | 0.432 | 2.314 |
| 关系型自我构念 | 0.402 | 2.489 | 0.402 | 2.489 |
| 社会接纳 | 0.647 | 1.545 | 0.647 | 1.545 |
| 积极情绪 | 0.414 | 2.415 | 0.414 | 2.415 |

## 5.5　研究假设检验

### 5.5.1　主效应研究假设检验

研究人员提出了两个主效应研究假设：角色外人际互动正向促进角色内绩效（$H_1$）和人际公民行为（$H_2$）。为检验以上假设，本章将角色内绩效和人际公民行为作为结果变量，将角色外人际互动作为自变量，控制变量则包括：受访者的性别、年龄、学历、在本单位工作年限和所在组织类型。

对主效应的检验使用 Mplus 8.3 进行。具体而言，将配对好的样本数据整理后，分别将角色外人际互动和控制变量放入线性模型中，设定用极大似然估计法随机抽样 1 000 次进行系数估计。角色外人际互动对角色内绩效和人际公民行为的路径系数检验情况见表 5-15。

表5-15　角色外人际互动对角色内绩效和人际公民行为的路径系数检验情况

| 因变量 | 变量 | 系数估计 | 标准误 | $p$ 值（双尾） | $R^2$ |
|---|---|---|---|---|---|
| 角色内绩效 | 常数项 | 3.034 | 0.215 | 0.000 | 0.216 |
| | 自变量 | | | | |
| | 角色外人际互动 | 0.376 | 0.041 | 0.000 | |
| | 控制变量 | | | | |
| | 性别 | 0.000 | 0.027 | 0.994 | |
| | 年龄 | −0.007 | 0.004 | 0.085 | |
| | 组织类型 | 0.018 | 0.013 | 0.167 | |
| | 工作年限 | 0.074 | 0.023 | 0.001 | |
| | 学历 | −0.052 | 0.025 | 0.038 | |
| 人际公民行为 | 常数项 | 1.837 | 0.248 | 0.000 | 0.264 |
| | 自变量 | | | | |
| | 角色外人际互动 | 0.570 | 0.052 | 0.000 | |
| | 控制变量 | | | | |
| | 性别 | 0.008 | 0.036 | 0.829 | |
| | 年龄 | −0.001 | 0.015 | 0.839 | |
| | 组织类型 | −0.022 | 0.015 | 0.156 | |
| | 工作年限 | 0.073 | 0.025 | 0.004 | |
| | 学历 | −0.002 | 0.025 | 0.950 | |

由表 5-15 可知，角色外人际互动能够正向促进角色内绩效（$\beta$ = 0.376，$p<0.001$），假设 $H_1$ 得以验证。角色外人际互动能够正向促进人际

公民行为（$\beta=0.570$，$p<0.001$），假设 $H_2$ 得以验证。综上，模型的主效应研究假设均得以验证。

### 5.5.2 认知路径：社会接纳与工作激情的中介效应检验

中介效应的检验程序和方法较多，但核心思想是考察自变量和中介变量的间接系数乘积和直接系数乘积对因变量的影响及其显著性。从检验程序惯例来看，首先，研究人员需要对自变量到因变量的主效应进行检验，此部分已经在上一小节完成。其次，需要依次验证假设中每段中介关系是否显著。与此同时，研究人员还需使用 Bootstrap 方法进一步检验中介效应的稳健性。具体而言，研究人员在设定分析方法时，确定需要抽样的次数，通常为 1 000~5 000 次，在此过程中，可计算出不同显著性水平的置信区间。若置信区间的上限和下限的区间内未包含原点，则可以得出检验结果显著性的结论。

研究人员基于以上程序，采用 Mplus 8.3 软件对模型的两条链式中介进行效应分析。研究人员对角色外人际互动与社会接纳的关系进行检验，路径系数及检验结果见表 5-16。

表 5-16　角色外人际互动对社会接纳的路径检验

| 变量 | 系数估计 | 标准误 | $p$ 值（双尾） | $R^2$ |
|---|---|---|---|---|
| 常数项 | 3.059 | 0.232 | 0.000 | |
| 自变量 | | | | |
| 角色外人际互动 | 0.337 | 0.052 | 0.000 | |
| 控制变量 | | | | |
| 性别 | −0.062 | 0.024 | 0.010 | 0.208 |
| 年龄 | −0.007 | 0.003 | 0.018 | |
| 组织类型 | 0.003 | 0.012 | 0.805 | |
| 工作年限 | 0.058 | 0.017 | 0.001 | |
| 学历 | 0.000 | 0.024 | 0.990 | |

由检验结果可知，角色外人际互动能够正向促进社会接纳（$\beta=0.337$，$p<0.001$），假设 $H_3$ 得以验证。

在此基础上，研究人员进行认知路径的链式中介效应分析，分别构建

"角色外人际互动—社会接纳—和谐型工作激情/强迫型工作激情—角色内绩效/人际公民行为" 4 条链式中介，使用极大似然估计并设定随机抽样5 000次进行模型估计。基于认知路径的链式中介模型效应见表5-17。

表5-17　认知路径的角色外人际互动对工作绩效的链式中介效应表

| 路径 | 系数估计 | S. E. | $F$ | $p$ | 低于 2.5% | 高于 2.5% |
|---|---|---|---|---|---|---|
| ERI-SA-HP-IRP | 0.032 | 0.012 | 2.685 | 0.007 | 0.010 | 0.057 |
| ERI-SA-HP-ICB | 0.030 | 0.009 | 3.278 | 0.001 | 0.014 | 0.051 |
| ERI-SA-OP-IRP | 0.009 | 0.004 | 2.457 | 0.014 | 0.004 | 0.019 |
| ERI-SA-OP-ICB | 0.009 | 0.004 | 2.450 | 0.014 | 0.004 | 0.020 |

注：boot=5 000。ERI为角色外人际互动，SA为社会接纳，HP为和谐型工作激情，OP为强迫型工作激情，IRP为角色内绩效，ICB为人际公民行为。

由表5-17可知，"角色外人际互动—社会接纳—和谐型工作激情—角色内绩效"的链式中介效应在95%置信区间未经过0，说明该条链式中介效应显著，且效应量为0.032，由此，假设 $H_4$ 得以验证。"角色外人际互动—社会接纳—和谐型工作激情—人际公民行为"的链式中介效应在95%置信区间未经过0，说明该条链式中介效应显著，且效应量为0.030，由此，假设 $H_6$ 得以验证。"角色外人际互动—社会接纳—强迫型工作激情—角色内绩效"的链式中介效应在95%置信区间未经过0，说明该条链式中介效应显著，且效应量为0.009，由此，假设 $H_5$ 得以验证。"角色外人际互动—社会接纳—强迫型工作激情—人际公民行为"的链式中介效应在95%置信区间未经过0，说明该条链式中介效应显著，且效应量为0.009，由此，假设 $H_7$ 得以验证。综上，基于认知路径的4条链式中介均得到验证。

### 5.5.3　情感路径：积极情绪与工作激情的中介效应检验

在对情感路径的链式中介作用检验中，研究人员对角色外人际互动对与积极情绪的关系进行检验，路径系数及检验结果见表5-18。

表 5-18　角色外人际互动对积极情绪的路径检验

| 变量 | 系数估计 | 标准误 | $p$ 值（双尾） | $R^2$ |
|---|---|---|---|---|
| 常数项 | 0.486 | 0.270 | 0.072 | |
| 自变量 | | | | |
| 角色外人际互动 | 0.857 | 0.050 | 0.000 | |
| 控制变量 | | | | |
| 性别 | 0.040 | 0.036 | 0.266 | 0.416 |
| 年龄 | −0.006 | 0.005 | 0.276 | |
| 组织类型 | −0.051 | 0.018 | 0.004 | |
| 工作年限 | 0.055 | 0.029 | 0.056 | |
| 学历 | 0.081 | 0.039 | 0.041 | |

　　由检验结果可知，角色外人际互动能够正向促进积极情绪（$\beta = 0.857$，$p < 0.001$），假设 $H_8$ 得以验证。

　　在此基础上，研究人员进行情感路径的链式中介效应分析，分别构建"角色外人际互动—积极情绪—和谐型工作激情/强迫型工作激情—角色内绩效/人际公民行为"4 条链式中介，使用极大似然估计并设定随机抽样 5 000 次进行模型估计。基于情感路径的链式中介模型效应见表 5-19。

表 5-19　情感路径的角色外人际互动对工作绩效的链式中介效应表

| 路径 | 系数估计 | S. E. | $F$ | $p$ | 低于 2.5% | 高于 2.5% |
|---|---|---|---|---|---|---|
| ERI-PA-HP-IRP | 0.087 | 0.030 | 2.932 | 0.003 | 0.024 | 0.142 |
| ERI-PA-HP-ICB | 0.083 | 0.021 | 3.873 | 0.000 | 0.041 | 0.127 |
| ERI-PA-OP-IRP | 0.030 | 0.009 | 3.420 | 0.001 | 0.016 | 0.051 |
| ERI-PA-OP-ICB | 0.030 | 0.009 | 3.201 | 0.001 | 0.015 | 0.054 |

　　注：boot = 5 000。ERI 为角色外人际互动，PA 为积极情绪，HP 为和谐型工作激情，OP 为强迫型工作激情，IRP 为角色内绩效，ICB 为人际公民行为。

　　由表 5-19 可知，"角色外人际互动—积极情绪—和谐型工作激情—角色内绩效"的链式中介效应在 95% 置信区间未经过 0，说明该条链式中介效应显著，且效应量为 0.087，由此，假设 $H_9$ 得以验证。"角色外人际互动—积极情绪—和谐型工作激情—人际公民行为"的链式中介效应在 95%置信区间未经过 0，说明该条链式中介效应显著，且效应量为 0.083，由此，假设 $H_{11}$ 得以验证。"角色外人际互动—积极情绪—强迫型工作激情—角色内绩效"的链式中介效应在 95%置信区间未经过 0，说明该条链式中介效应显著，且效应量为 0.030，由此，假设 $H_{10}$ 得以验证。"角色外人际互动—积极情绪—强迫型工作激情—人际公民行为"的链式中介效应在 95%置信区间未经过 0，说明该条链式中介效应显著，且效应量为 0.030，由此，假设 $H_{12}$ 得以验证。综上，基于情感路径的 4 条链式中介均得到验证。

### 5.5.4　整体模型检验

在对认知路径和情感路径两条链式中介效应进行检验后，研究人员需要进一步对本研究的整体模型进行检验，检验程序遵循有调节的中介效应的检验步骤。首先，研究人员利用 SPSS 23.0 软件对自变量角色外人际互动、调节变量关系型自我构念和政治技能、第一中介变量社会接纳和积极情绪进行变量的标准化处理，为检验调节效应和交互项做准备。其次，研究人员在 Mplus 软件中构建有调节的中介效应的路径模型，对路径系数进行估计和显著性检验。再次，研究人员对有调节的中介效应进行检验。最后，研究人员对通过检验的调节效应绘制简单斜率图。本部分在进行整体模型分析时，仍然选用极大似然方法并采用随机抽样 5 000 次。

（1）基于认知路径的有调节的中介效应检验。

根据研究假设和前文对链式中介的检验结果，研究人员对基于认知路径的有调节的中介效应绘制了模型，调节变量分别为关系型自我构念和政治技能。根据变量关系，研究人员构建了相应的 8 条路径，路径系数及其检验结果见表 5-20 和图 5-1。

表 5-20　认知路径的整体模型路径系数表

| 因变量 | 自变量 | 系数估计 | SE | $F$ | $P$ | 低于2.5% | 高于2.5% | $R^2$ |
|---|---|---|---|---|---|---|---|---|
| SA | ERI | 0.308 | 0.040 | 7.617 | 0.000 | 0.226 | 0.384 | 0.348 |
| | RISC | 0.185 | 0.065 | 2.841 | 0.004 | 0.063 | 0.322 | |
| | ERI * RISC | −0.299 | 0.085 | −3.521 | 0.000 | −0.473 | −0.137 | |
| | PS | 0.053 | 0.052 | 1.007 | 0.314 | −0.056 | 0.152 | |
| | ERI * PS | 0.019 | 0.067 | 0.285 | 0.775 | −0.121 | 0.145 | |
| HP | SA | 0.509 | 0.043 | 11.821 | 0.000 | 0.422 | 0.591 | 0.259 |
| OP | SA | −0.138 | 0.037 | −3.672 | 0.000 | −0.211 | −0.063 | 0.019 |
| IRP | HP | 0.210 | 0.079 | 2.674 | 0.007 | 0.048 | 0.356 | 0.235 |
| | OP | −0.224 | 0.044 | −5.146 | 0.000 | −0.308 | −0.141 | |
| | ERI | 0.263 | 0.058 | 4.503 | 0.000 | 0.146 | 0.371 | |
| | 性别 | 0.010 | 0.032 | 0.321 | 0.748 | −0.051 | 0.074 | |
| | 年龄 | −0.043 | 0.069 | −0.625 | 0.532 | −0.171 | 0.097 | |
| | 组织类型 | 0.028 | 0.030 | 0.931 | 0.352 | −0.033 | 0.086 | |
| | 工作年限 | 0.124 | 0.07 | 1.762 | 0.078 | −0.019 | 0.258 | |
| | 学历 | −0.113 | 0.033 | −3.423 | 0.001 | −0.178 | −0.048 | |
| ICB | HP | 0.201 | 0.054 | 3.714 | 0.000 | 0.097 | 0.309 | 0.274 |
| | OP | −0.231 | 0.053 | −4.365 | 0.000 | −0.334 | −0.130 | |
| | ERI | 0.307 | 0.052 | 5.956 | 0.000 | 0.203 | 0.404 | |
| | 性别 | 0.013 | 0.033 | 0.39 | 0.696 | −0.053 | 0.076 | |
| | 年龄 | 0.053 | 0.062 | 0.855 | 0.393 | −0.067 | 0.171 | |
| | 组织类型 | −0.053 | 0.029 | −1.828 | 0.068 | −0.108 | 0.005 | |
| | 工作年限 | 0.072 | 0.062 | 1.168 | 0.243 | −0.048 | 0.195 | |
| | 学历 | −0.048 | 0.028 | −1.724 | 0.085 | −0.099 | 0.008 | |

注：boot = 5 000。ERI 为角色外人际互动，SA 为社会接纳，HP 为和谐型工作激情，OP 为强迫型工作激情，IRP 为角色内绩效，ICB 为人际公民行为。

由表 5-20 可知，角色外人际互动对社会接纳有显著的正向影响（$\beta$ = 0.308，$p < 0.001$），对角色内绩效有显著的正向影响（$\beta$ = 0.263，$p < 0.001$），对人际公民行为有显著的正向影响（$\beta$ = 0.307，$p < 0.001$）。

在调节效应部分，角色外人际互动与关系型自我构念的交互项对社会接纳有显著的负向影响（$\beta$ = −0.299，$p < 0.001$）；角色外人际互动与政治

技能的交互项对社会接纳没有显著影响（$\beta = 0.019$，$p > 0.05$）。以上检验支持了关系型自我构念对角色外人际互动和社会接纳的替代调节作用，而政治技能在角色外人际互动和社会接纳之间的调节作用未得到验证。

　　进一步地，路径系数检验证实了社会接纳对和谐型工作激情有显著的正向影响（$\beta = 0.509$，$p < 0.001$），而对强迫型工作激情有显著的负向影响（$\beta = -0.138$，$p < 0.001$）；和谐型工作激情对角色内绩效有显著的正向影响（$\beta = 0.21$，$p < 0.001$），而强迫型工作激情对角色内绩效有显著的负向影响（$\beta = -0.224$，$p < 0.001$）；角色外人际互动对角色内绩效有显著的正向影响（$\beta = 0.206$，$p < 0.001$）。同时，路径系数检验还验证了和谐型工作激情对人际公民行为有显著的正向影响（$\beta = 0.201$，$p < 0.001$），强迫型工作激情对人际公民行为有显著的负向影响（$\beta = -0.231$，$p < 0.001$）。

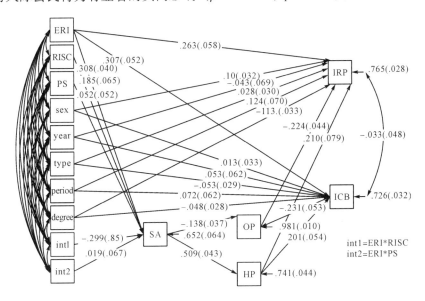

图 5-1　基于认知路径的整体模型检验

　　进一步地，对认知路径的有调节的中介效应检验情况见表 5-21。

表 5-21　认知路径的整体模型有调节的中介效应表

| 调节变量及路径 | | 系数估计 | S. E. | $F$ | $p$ | 低于 2.5% | 高于 2.5% |
|---|---|---|---|---|---|---|---|
| RISC-M1 | M1RISC_HI | 0.013 | 0.009 | 1.435 | 0.151 | 0.001 | 0.037 |
| | M1RISC_LO | 0.051 | 0.018 | 2.879 | 0.004 | 0.016 | 0.086 |
| | DIFM1RISC | -0.038 | 0.015 | -2.528 | 0.011 | -0.073 | -0.013 |
| PS-M1 | M1PS_HI | 0.033 | 0.012 | 2.708 | 0.007 | 0.011 | 0.059 |
| | M1PS_LO | 0.031 | 0.013 | 2.290 | 0.022 | 0.010 | 0.062 |
| | DIFM1PS | 0.002 | 0.010 | 0.255 | 0.798 | -0.017 | 0.022 |
| RISC-M2 | M2RISC_HI | 0.012 | 0.008 | 1.589 | 0.112 | 0.001 | 0.031 |
| | M2RISC_LO | 0.048 | 0.013 | 3.578 | 0.000 | 0.024 | 0.078 |
| | DIFM2RISC | -0.036 | 0.012 | -2.997 | 0.003 | -0.063 | -0.015 |
| PS-M2 | M2PS_HI | 0.031 | 0.010 | 3.118 | 0.002 | 0.015 | 0.054 |
| | M2PS_LO | 0.029 | 0.010 | 2.83 | 0.005 | 0.013 | 0.054 |
| | DIFM2PS | 0.002 | 0.009 | 0.274 | 0.784 | -0.015 | 0.019 |
| RISC-M3 | M3RISC_HI | 0.004 | 0.003 | 1.473 | 0.141 | 0.000 | 0.011 |
| | M3RISC_LO | 0.015 | 0.006 | 2.533 | 0.011 | 0.006 | 0.030 |
| | DIFM3RISC | -0.011 | 0.005 | -2.231 | 0.026 | -0.024 | -0.004 |
| PS-M3 | M3PS_HI | 0.010 | 0.004 | 2.385 | 0.017 | 0.004 | 0.020 |
| | M3PS_LO | 0.009 | 0.004 | 2.243 | 0.025 | 0.003 | 0.020 |
| | DIFM3PS | 0.001 | 0.003 | 0.267 | 0.789 | -0.004 | 0.006 |
| RISC-M4 | M4RISC_HI | 0.004 | 0.003 | 1.422 | 0.155 | 0.001 | 0.012 |
| | M4RISC_LO | 0.015 | 0.006 | 2.572 | 0.010 | 0.007 | 0.031 |
| | DIFM4RISC | -0.006 | 0.003 | -1.807 | 0.071 | -0.016 | -0.002 |
| PS-M4 | M4PS_HI | 0.010 | 0.004 | 2.473 | 0.013 | 0.004 | 0.021 |
| | M4PS_LO | 0.009 | 0.004 | 2.148 | 0.032 | 0.004 | 0.021 |
| | DIFM4PS | 0.001 | 0.003 | 0.263 | 0.793 | -0.005 | 0.006 |

注: boot=5 000。M1 代表 ERI-SA-HP-IRP，M2 代表 ERI-SA-HP-ICB，M3 代表 ERI-SA-OP-IRP，M4 代表 ERI-SA-OP-ICB。ERI 为角色外人际互动，SA 为社会接纳，HP 为和谐型工作激情，OP 为强迫型工作激情，IRP 为角色内绩效，ICB 为人际公民行为。

由表 5-21 可知，关系型自我构念在链式中介"角色外人际互动—社会接纳—和谐型工作激情—角色内绩效"的 95% 置信区间未经过 0，说明这条有调节的链式中介效应显著，效应量为 -0.038，即关系型自我构念对该链式中介有替代调节作用，关系型自我构念水平越高，该路径的中介效应作用越小。由此，假设 $H_{13}$ 得以验证。关系型自我构念在链式中介"角色外人际互动—社会接纳—和谐型工作激情—人际公民行为"的95%置信区间未经过0，说明 RISC 在这条有调节的链式中介效应显著，效应量为 -0.036，即关系型自我构念对该链式中介有替代调节作用，关系型自我构念水平越高，该路径的中介效应作用越小。由此，假设 $H_{15}$ 得以验证。关系型自我构念在链式中介"角色外人际互动—社会接纳—强迫型工作激情—角色内绩效"的95%置信区间未经过0，说明关系型自我构念在这条有调节的链式中介效应显著，效应量为 -0.011，即关系型自我构念对该链式中介有替代调节作用，关系型自我构念水平越高，该路径的中介效应作用越小。由此，假设 $H_{14}$ 得以验证。关系型自我构念在链式中介"角色外人际互动—社会接纳—强迫型工作激情—人际公民行为"的95%置信区间未经过0，说明关系型自我构念在这条有调节的链式中介效应显著，效应量为 -0.006，即关系型自我构念对该链式中介有替代调节作用，关系型自我构念水平越高，该路径的中介效应作用越小。由此，假设 $H_{16}$ 得以验证。

政治技能在链式中介"角色外人际互动—社会接纳—和谐型工作激情—角色内绩效"的95%置信区间经过0，说明政治技能在这条有调节的链式中介效应不显著。由此，假设 $H_{21}$ 未得到验证。政治技能在链式中介"角色外人际互动—社会接纳—和谐型工作激情—人际公民行为"的95%置信区间经过0，说明政治技能在这条有调节的链式中介效应不显著。由此，假设 $H_{23}$ 未得到验证。政治技能在链式中介"角色外人际互动—社会接纳—强迫型工作激情—角色内绩效"的95%置信区间经过0，说明政治技能在这条有调节的链式中介效应不显著。由此，假设 $H_{22}$ 未得到验证。政治技能在链式中介"角色外人际互动—社会接纳—强迫型工作激情—人际公民行为"的95%置信区间经过0，说明政治技能在这条有调节的链式中介效应不显著。由此，假设 $H_{24}$ 未得到验证。

综上，在认知路径中，关系型自我构念的替代调节的链式中介作用得到验证，而政治技能的强化调节作用均未得到验证。

根据调节效应的估计系数，研究人员绘制了关系型自我构念对角色外人际互动调节社会接纳的简单斜率图，见图5-2。简单斜率图可以直观体现关系型自我构念的替代调节作用。

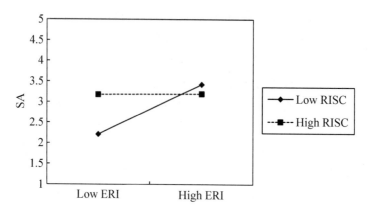

图 5-2　关系型自我构念调节作用的简单斜率图

（2）基于情感路径的有调节的中介效应检验。

在完成对认知路径的整体模型检验后，研究人员进一步对基于情感路径的有调节的中介效应绘制了模型，调节变量分别为关系型自我构念和政治技能。根据变量关系，研究人员构建了相应的 8 条路径，路径系数及其检验结果见表 5-22 和图 5-3。

表 5-22　情感路径的整体模型路径系数表

| 因变量 | 自变量 | 系数估计 | SE | $F$ | $P$ | 低于 2.5% | 高于 2.5% | $R^2$ |
|---|---|---|---|---|---|---|---|---|
| PA | ERI | 0.597 | 0.037 | 16.319 | 0.000 | 0.522 | 0.665 | 0.500 |
| | RISC | 0.140 | 0.058 | 2.424 | 0.015 | 0.028 | 0.257 | |
| | ERI * RISC | 0.047 | 0.064 | 0.727 | 0.467 | −0.069 | 0.183 | |
| | PS | 0.103 | 0.048 | 2.131 | 0.033 | 0.003 | 0.195 | |
| | ERI * PS | 0.272 | 0.070 | 3.887 | 0.000 | 0.144 | 0.418 | |
| HP | PA | 0.721 | 0.023 | 31.091 | 0.000 | 0.672 | 0.762 | 0.520 |
| OP | PA | −0.230 | 0.038 | −6.118 | 0.000 | −0.304 | −0.156 | 0.053 |
| IRP | HP | 0.206 | 0.077 | 2.684 | 0.007 | 0.048 | 0.348 | 0.268 |
| | OP | −0.219 | 0.043 | −5.113 | 0.000 | −0.303 | −0.137 | |
| | ERI | 0.258 | 0.057 | 4.497 | 0.000 | 0.144 | 0.365 | |
| | 性别 | 0.010 | 0.031 | 0.321 | 0.748 | −0.050 | 0.072 | |
| | 年龄 | −0.042 | 0.067 | −0.624 | 0.533 | −0.167 | 0.095 | |
| | 组织类型 | 0.027 | 0.030 | 0.929 | 0.353 | −0.033 | 0.084 | |
| | 工作年限 | 0.121 | 0.069 | 1.760 | 0.078 | −0.019 | 0.253 | |
| | 学历 | −0.110 | 0.032 | −3.42 | 0.001 | −0.175 | −0.047 | |

表5-22(续)

| 因变量 | 自变量 | 系数估计 | SE | $F$ | $P$ | 低于 2.5% | 高于 2.5% | $R^2$ |
|---|---|---|---|---|---|---|---|---|
| ICB | HP | 0.196 | 0.052 | 3.755 | 0.000 | 0.096 | 0.299 | 0.311 |
| | OP | −0.225 | 0.052 | −4.330 | 0.000 | −0.327 | −0.126 | |
| | ERI | 0.299 | 0.05 | 5.964 | 0.000 | 0.198 | 0.394 | |
| | 性别 | 0.012 | 0.032 | 0.390 | 0.696 | −0.052 | 0.074 | |
| | 年龄 | 0.052 | 0.061 | 0.853 | 0.394 | −0.065 | 0.168 | |
| | 组织类型 | −0.051 | 0.028 | −1.826 | 0.068 | −0.105 | 0.005 | |
| | 工作年限 | 0.07 | 0.06 | 1.170 | 0.242 | −0.046 | 0.189 | |
| | 学历 | −0.046 | 0.027 | −1.721 | 0.085 | −0.097 | 0.008 | |

注：boot=5 000。ERI为角色外人际互动，PA为积极情绪，HP为和谐型工作激情，OP为强迫型工作激情，IRP为角色内绩效，ICB为人际公民行为。

由表5-22可知，角色外人际互动对积极情绪有显著的正向影响（$\beta=0.597$，$p<0.001$），对角色内绩效有显著的正向影响（$\beta=0.258$，$p<0.001$），对人际公民行为有显著的正向影响（$\beta=0.299$，$p<0.001$）。

在调节效应部分，角色外人际互动与关系型自我构念的交互项对积极情绪没有显著影响（$\beta=0.047$，$p>0.05$）；角色外人际互动与政治技能的交互项对积极情绪有显著的正向影响（$\beta=0.272$，$p<0.001$）。以上检验支持了政治技能对角色外人际互动和积极情绪的强化调节作用，而关系型自我构念在角色外人际互动和积极情绪之间的调节作用未得到验证。

进一步地，路径系数检验证实了积极情绪对和谐型工作激情有显著的正向影响（$\beta=0.721$，$p<0.001$），而对强迫型工作激情有显著的负向影响（$\beta=-0.230$，$p<0.001$）；和谐型工作激情对角色内绩效有显著的正向影响（$\beta=0.206$，$p<0.001$），而强迫型工作激情对角色内绩效有显著的负向影响（$\beta=-0.219$，$p<0.001$）；角色外人际互动对角色内绩效有显著的正向影响（$\beta=0.258$，$p<0.001$）。路径系数检验还验证了和谐型工作激情对人际公民行为有显著的正向影响（$\beta=0.196$，$p<0.001$），强迫型工作激情对人际公民行为有显著的负向影响（$\beta=-0.225$，$p<0.001$）。

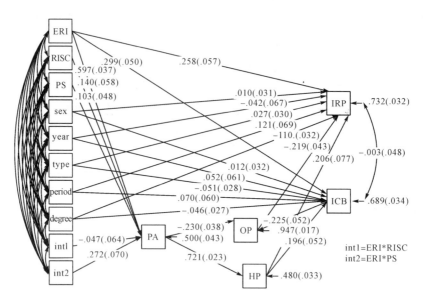

图 5-3　基于情感路径的整体模型检验

进一步地，对情感路径的有调节的中介效应检验情况见表 5-23。

表 5-23　情感路径的整体模型有调节的中介效应表

| 调节变量及路径 | | 系数估计 | S. E. | $F$ | $p$ | 低于 2.5% | 高于 2.5% |
|---|---|---|---|---|---|---|---|
| RISC-M1 | M1RISC_HI | 0.091 | 0.033 | 2.777 | 0.005 | 0.026 | 0.155 |
| | M1RISC_LO | 0.083 | 0.028 | 2.985 | 0.003 | 0.025 | 0.136 |
| | DIFM1RISC | 0.008 | 0.013 | 0.63 | 0.529 | -0.011 | 0.042 |
| PS-M1 | M1PS_HI | 0.112 | 0.037 | 3.044 | 0.002 | 0.032 | 0.178 |
| | M1PS_LO | 0.062 | 0.024 | 2.594 | 0.009 | 0.018 | 0.112 |
| | DIFM1PS | 0.049 | 0.018 | 2.741 | 0.006 | 0.019 | 0.090 |
| RISC-M2 | M2RISC_HI | 0.087 | 0.023 | 3.702 | 0.000 | 0.043 | 0.137 |
| | M2RISC_LO | 0.079 | 0.021 | 3.796 | 0.000 | 0.040 | 0.123 |
| | DIFM2RISC | 0.008 | 0.012 | 0.688 | 0.491 | -0.012 | 0.035 |
| PS-M2 | M2PS_HI | 0.106 | 0.027 | 3.940 | 0.000 | 0.053 | 0.161 |
| | M2PS_LO | 0.059 | 0.017 | 3.407 | 0.001 | 0.029 | 0.100 |
| | DIFM2PS | 0.047 | 0.015 | 3.079 | 0.002 | 0.020 | 0.081 |

表5-23(续)

| 调节变量及路径 | | 系数估计 | S. E. | $F$ | $p$ | 低于 2.5% | 高于 2.5% |
|---|---|---|---|---|---|---|---|
| RISC-M3 | M3RISC_HI | 0.031 | 0.009 | 3.393 | 0.001 | 0.017 | 0.054 |
| | M3RISC_LO | 0.028 | 0.009 | 3.270 | 0.001 | 0.015 | 0.049 |
| | DIFM3RISC | 0.003 | 0.004 | 0.709 | 0.478 | −0.004 | 0.012 |
| PS-M3 | M3PS_HI | 0.038 | 0.011 | 3.338 | 0.001 | 0.020 | 0.066 |
| | M3PS_LO | 0.021 | 0.006 | 3.284 | 0.001 | 0.011 | 0.038 |
| | DIFM3PS | 0.017 | 0.007 | 2.569 | 0.01 | 0.007 | 0.033 |
| RISC-M4 | M4RISC_HI | 0.032 | 0.010 | 3.124 | 0.002 | 0.016 | 0.058 |
| | M4RISC_LO | 0.029 | 0.009 | 3.130 | 0.002 | 0.015 | 0.052 |
| | DIFM4RISC | −0.007 | 0.004 | −1.613 | 0.107 | −0.019 | −0.001 |
| PS-M4 | M4PS_HI | 0.039 | 0.012 | 3.206 | 0.001 | 0.020 | 0.070 |
| | M4PS_LO | 0.022 | 0.007 | 2.963 | 0.003 | 0.011 | 0.041 |
| | DIFM4PS | 0.017 | 0.007 | 2.615 | 0.009 | 0.008 | 0.036 |

注：boot=5 000。M1代表ERI-SA-HP-IRP，M2代表ERI-SA-HP-ICB，M3代表ERI-SA-OP-IRP，M4代表ERI-SA-OP-ICB。ERI为角色外人际互动，PA为积极情绪，HP为和谐型工作激情，OP为强迫型工作激情，IRP为角色内绩效，ICB为人际公民行为。

由表5-23可知，关系型自我构念在链式中介"角色外人际互动—积极情绪—和谐型工作激情—角色内绩效"的95%置信区间经过0，说明政治技能在这条有调节的链式中介效应不显著。由此，假设$H_{17}$未得到验证。关系型自我构念在链式中介"角色外人际互动—积极情绪—和谐型工作激情—人际公民行为"的95%置信区间经过0，说明政治技能在这条有调节的链式中介效应不显著。由此，假设$H_{19}$未得到验证。关系型自我构念在链式中介"角色外人际互动—积极情绪—强迫型工作激情—角色内绩效"的95%置信区间经过0，说明政治技能在这条有调节的链式中介效应不显著。由此，假设$H_{18}$未得到验证。关系型自我构念在链式中介"角色外人际互动—积极情绪—强迫型工作激情—人际公民行为"的95%置信区间经过0，说明政治技能在这条有调节的链式中介效应不显著。由此，假设$H_{20}$未得到验证。

政治技能在链式中介"角色外人际互动—积极情绪—和谐型工作激情—角色内绩效"的95%置信区间未经过0，说明这条有调节的链式中介效应显著，效应量为0.049，即政治技能对该链式中介有增强调节作用，政治技能水平越高，该路径的中介效应作用越大。由此，假设 $H_{25}$ 得以验证。政治技能在链式中介"角色外人际互动—积极情绪—和谐型工作激情—人际公民行为"的95%置信区间未经过 0，说明这条有调节的链式中介效应显著，效应量为 0.047，即政治技能对该链式中介有增强调节作用，政治技能水平越高，该路径的中介效应作用越大。由此，假设 $H_{27}$ 得以验证。政治技能在链式中介"角色外人际互动—积极情绪—强迫型工作激情—角色内绩效"的95%置信区间未经过 0，说明这条有调节的链式中介效应显著，效应量为 0.017，即政治技能对该链式中介有增强调节作用，政治技能水平越高，该路径的中介效应作用越大。由此，假设 $H_{26}$ 得以验证。政治技能在链式中介"角色外人际互动—积极情绪—强迫型工作激情—人际公民行为"的95%置信区间未经过 0，说明这条有调节的链式中介效应显著，效应量为 0.017，即政治技能对该链式中介有增强调节作用，政治技能水平越高，该路径的中介效应作用越大。由此，假设 $H_{28}$ 得以验证。

综上，在情感路径中，政治技能的强化调节的链式中介作用得到验证，而关系型自我构念的替代调节作用均未得到验证。

根据调节效应的估计系数，研究人员绘制了政治技能对角色外人际互动调节积极情绪的简单斜率图，见图 5-4。简单斜率图可以直观体现政治技能的强化调节作用。

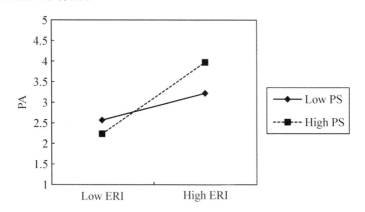

图 5-4　政治技能调节作用的简单斜率图

## 5.6 研究假设检验结果汇总

通过前述实证研究方法检验，研究人员对 789 份通过三个时段收到的数据对研究假设进行了检验，所有研究假设检验结果汇总见表 5-24。

表 5-24 研究假设检验结果汇总

| 变量效应 | 编号 | 研究假设 | 结论 |
|---|---|---|---|
| 主效应 | $H_1$ | 角色外人际互动正向促进角色内绩效 | 支持 |
| | $H_2$ | 角色外人际互动正向促进人际公民行为 | 支持 |
| 中介效应 | $H_3$ | 角色外人际互动正向促进社会接纳 | 支持 |
| | $H_4$ | 角色外人际互动通过社会接纳与和谐型工作激情的链式中介作用正向促进角色内绩效。其中，社会接纳会促进和谐型工作激情，且整体中介效应为正 | 支持 |
| | $H_5$ | 角色外人际互动通过社会接纳与强迫型工作激情的链式中介作用正向促进角色内绩效。其中，社会接纳会降低强迫型工作激情，但整体中介效应为正 | 支持 |
| | $H_6$ | 角色外人际互动通过社会接纳与和谐型工作激情的链式中介作用正向促进人际公民行为。其中，社会接纳会促进和谐型工作激情，且整体中介效应为正 | 支持 |
| | $H_7$ | 角色外人际互动通过社会接纳与强迫型工作激情的链式中介作用正向促进人际公民行为。其中，社会接纳会降低强迫型工作激情，但整体中介效应为正 | 支持 |
| | $H_8$ | 角色外人际互动正向促进积极情绪 | 支持 |
| | $H_9$ | 角色外人际互动通过积极情绪与和谐型工作激情的链式中介作用正向促进角色内绩效。其中，积极情绪会促进和谐型工作激情，且整体中介效应为正 | 支持 |
| | $H_{10}$ | 角色外人际互动通过积极情绪与强迫型工作激情的链式中介作用正向促进角色内绩效。其中，积极情绪降低强迫型工作激情，但整体中介效应为正 | 支持 |

表5-24（续）

| 变量效应 | 编号 | 研究假设 | 结论 |
|---|---|---|---|
| 中介效应 | $H_{11}$ | 角色外人际互动通过积极情绪与和谐型工作激情的链式中介作用正向促进人际公民行为。其中，积极情绪会促进和谐型工作激情，且整体中介效应为正 | 支持 |
| | $H_{12}$ | 角色外人际互动通过积极情绪与强迫型工作激情的链式中介作用正向促进人际公民行为。其中，积极情绪降低强迫型工作激情，但整体中介效应为正 | 支持 |
| 有调节的中介效应 | $H_{13}$ | 关系型自我构念负向调节了角色外人际互动通过社会接纳对和谐型工作激情与角色内绩效的链式中介作用 | 支持 |
| | $H_{14}$ | 关系型自我构念负向调节了角色外人际互动通过社会接纳对强迫型工作激情与角色内绩效的链式中介作用 | 支持 |
| | $H_{15}$ | 关系型自我构念负向调节了角色外人际互动通过社会接纳对和谐型工作激情与人际公民行为的链式中介作用 | 支持 |
| | $H_{16}$ | 关系型自我构念负向调节了角色外人际互动通过社会接纳对强迫型工作激情与人际公民行为的链式中介作用 | 支持 |
| | $H_{17}$ | 关系型自我构念负向调节了角色外人际互动通过积极情绪对和谐型工作激情与角色内绩效的链式中介作用 | 不支持 |
| | $H_{18}$ | 关系型自我构念负向调节了角色外人际互动通过积极情绪对强迫型工作激情与角色内绩效的链式中介作用 | 不支持 |
| | $H_{19}$ | 关系型自我构念负向调节了角色外人际互动通过积极情绪对和谐型工作激情与人际公民行为的链式中介作用 | 不支持 |
| | $H_{20}$ | 关系型自我构念负向调节了角色外人际互动通过积极情绪对强迫型工作激情与人际公民行为的链式中介作用 | 不支持 |
| | $H_{21}$ | 政治技能正向调节了角色外人际互动通过社会接纳对和谐型工作激情与角色内绩效的链式中介作用 | 不支持 |
| | $H_{22}$ | 政治技能正向调节了角色外人际互动通过社会接纳对强迫型工作激情与角色内绩效的链式中介作用 | 不支持 |

表5-24(续)

| 变量效应 | 编号 | 研究假设 | 结论 |
|---|---|---|---|
| 有调节的<br>中介效应 | $H_{23}$ | 政治技能正向调节了角色外人际互动通过社会接纳对和谐型工作激情与人际公民行为的链式中介作用 | 不支持 |
| | $H_{24}$ | 政治技能正向调节了角色外人际互动通过社会接纳对强迫型工作激情与人际公民行为的链式中介作用 | 不支持 |
| | $H_{25}$ | 政治技能正向调节了角色外人际互动通过积极情绪对和谐型工作激情与角色内绩效的链式中介作用 | 支持 |
| | $H_{26}$ | 政治技能正向调节了角色外人际互动通过积极情绪对强迫型工作激情与角色内绩效的链式中介作用 | 支持 |
| | $H_{27}$ | 政治技能正向调节了角色外人际互动通过积极情绪对和谐型工作激情与人际公民行为的链式中介作用 | 支持 |
| | $H_{28}$ | 政治技能正向调节了角色外人际互动通过积极情绪对强迫型工作激情与人际公民行为的链式中介作用 | 支持 |

## 5.7　本章小结

　　本章对角色外人际互动影响工作绩效的整体模型进行了检验，并遵循实证研究程序，对研究使用的变量界定及其测量工具选择进行了介绍，开展了多来源的数据收集。对匹配得到的 789 份三阶段数据，研究人员依次开展了信效度检验、检验了共同方法偏差和多重共线性问题，在得到基本通过的情况下对前文提出的研究模型和假设做统计检验。检验结果显示，在前文提出的研究假设中，主效应和链式中介效应均成立，但有调节的中介效应只有部分成立。下文将对研究结论和未验证的部分进行讨论和分析。

# 6　研究结论与展望

　　本章是对本研究总体结论的分析与讨论，包括探索角色外人际互动概念内涵，总结其对工作绩效的影响机制的模型检验。在此基础上，研究人员将梳理本研究的理论贡献、实践启示，进一步地提出研究局限与研究展望。

## 6.1　研究结论

　　经由文献梳理和质性研究分析，研究人员将角色外人际互动定义为一种基于以往或当前工作角色关系的、非工作规范要求下的人际互动，是组织成员通过调整或超越自身对角色的认知而发起或参与的互动活动。在中国组织情境下，这种角色外人际互动很频繁，互动结果能够在一定程度上促进"角色内"的合作与交流，激发组织中人际公民行为，甚至能解决一些正式工作程序难以突破的关键问题。角色外人际互动广泛存在于组织成员之间，是本土管理情境面临的客观现象，但在某种程度上未被正式关注和引导，披着一层"不可言说的奇妙纱衣"，以一种特殊的方式对组织绩效起着重要的促进作用。为此，本书围绕"角色外人际互动的内涵和结构维度是什么、如何测量""角色外人际互动如何影响工作绩效"和"哪些边界条件会增强或替代角色外人际互动对工作绩效的作用"三个递进问题开展了系列研究。具体来说，首先，研究人员基于质性研究的经典扎根编码程序探索了角色外人际互动的概念内涵和结构维度，在此基础上编制了角色外人际互动量表；其次，研究人员基于认知情感系统理论，分别从情感和认知两条路径探讨了角色外人际互动如何影响工作绩效；最后，研究人员还探讨了关系型自我构念和政治技能的调节作用。

　　这三个部分的研究有较强的逻辑性和相关性。从研究主题来看，系列研究均围绕角色外人际互动这一核心主题，聚焦角色外人际互动的概念界定和作用机制，形成了一个整体研究框架。从研究逻辑来看，第一部分的质性研究和角色外人际互动量表开发，为后面探讨角色外人际互动的多重作用机制提供了理论和测量基础；第二部分基于情感和认知两条路径的作用机制研究，为探讨角色外人际互动的边界条件的差异提供了理论依据和启示。具体研究结论如下：

（1）角色外人际互动是一个多维度概念，研究人员以此为基础开发的3维度12题项的角色外人际互动量表具有较好的信效度。

研究人员根据经典扎根理论编码程序，对角色外人际互动的概念内涵进行了三阶段编码，并最终形成了包含三个维度的概念内容。具体来说，角色外人际互动包括归属型互动、休闲型互动和情感型互动，其中归属型互动是一种关系导向的互动，围绕个体在组织中或在组织某个圈子中的身份归属和关系认同，这种互动属于人际层面但非工作任务或工作角色的规范；休闲型互动是一种活动导向的互动，主要围绕组织成员个体本身的兴趣、体验和关注点，不是一种工具性、功利性的互动；情感型互动是一种情感导向的互动，是组织个体或群体围绕情绪分享与释放、情感表达与建立等方面的行动表现，不仅关注个人的情绪情感，也关心同事的情绪情感。研究人员根据编码凝练的维度建议，以解读扩写维度和表征维度中关键编码信息的方式形成了角色外人际互动测量条目的讨论稿。研究人员在征求该领域具有研究和实践背景人员的评价反馈和建议后，形成了用于预测试中探索性因子分析的19个初始题项量表。经过统计检验后，研究人员删减优化6个在检验中未通过的题项，得到12个正式量表。正式量表数据分析显示，具有较好的信效度，并支持了前期研究中关于维度的凝练与划分的质性研究结论。

（2）角色外人际互动对工作绩效的情感路径和认知路径具有不同的中介效应作用。

对789份三阶段匹配的调查数据分析显示，角色外人际互动对工作绩效的情感路径和认知路径具有不同的中介效应作用。角色外人际互动对角色内绩效/人际公民行为的直接正向促进得到了支持。在情感路径上，"角色外人际互动—积极情绪—和谐型/强迫型工作激情—角色内绩效/人际公民行为"的4条链式中介作用中，角色外人际互动通过积极情绪与和谐型/强迫型工作激情对角色内绩效/人际公民行为的中介效应都成立。这说明情绪情感机制是一个对本土组织情境中人际关系建立与维持的有效解释逻辑。在认知路径上，"角色外人际互动—社会接纳—和谐型/强迫型工作激情—角色内绩效/人际公民行为"的 4 条链式中介作用中，角色外人际互动通过社会接纳与和谐型/强迫型工作激情对角色内绩效/人际公民行为的中介效应都成立。这说明社会接纳是促进组织期待的角色内外工作结果的关键，并且这种结果主要是通过影响组织成员对工作热情的自我内化方式进行的。具体而言，个体在感知到受欢迎和被接纳后，会发自内心而非受到外界约束地建立自身与工作以及工作伙伴的正向意义，这种意义感或价值感将促进他的本职工作表现和人际利他行为；另一方面，这种意义感或价值感也会削弱其感受到的基于外部约束的工作意义，从而对角色内绩效和人际公民行为产生促进作用。同时，这也间接证实了和谐型工作激情与强迫型工作激情的不同路径作用。

（3）关系型自我构念和政治技能对角色外人际互动与工作绩效的作用具有差异。

研究人员假设，关系型自我构念是一种更容易在中国组织情境中所激发的个体自我认知，个体出于对亲密关系的高度关注，而可能会削弱角色外人际互动的"事件强度"，进而对认知评价和情感反应不够敏感。相反，政治技能作为一种能够有效理解并能用合适的方式去影响他人的能力，更容易获得积极的认知评价和情感反应。

根据对整体模型的检验结果来看，关系型自我构念对角色外人际互动与社会接纳的替代调节作用得到了证实，但政治技能对角色外人际互动与社会接纳的强化调节作用未得到证实；政治技能对角色外人际互动与积极情绪的强化调节作用得到了证实，但关系型自我构念对角色外人际互动与积极情绪的替代调节作用未得到证实。研究结论反映了关系型自我构念本身对认知层面的调节更强，而这种调节可能需要更具有一定事件强度的互动才能促进个体的后续的某些积极反应或行为结果，否则它可能对于一般层面的角色外人际互动的认知评价结果是削弱的。此外，政治技能也表现出相对认知而言更强的情绪层面的调节作用，也许是因为这种能力能够影响互动彼此，进而使得参与互动方更容易感知到积极的情绪，或受到互动对象的传染而加强了自身对积极情绪的感知。

## 6.2 理论贡献

本书的理论贡献在如下方面：

（1）厘清了角色外人际互动的概念内涵与结构维度，开发了角色外人际互动量表，为后续角色外人际互动研究奠定了理论基础和测量基础。

第一，从角色外人际互动的发生场景、参与对象、互动内容与方式、行为动机及结果等方面对角色外人际互动的概念内涵进行了梳理，并指出角色外人际互动是一种基于以往或当前工作角色关系的，非工作规范要求下的人际互动，是组织成员通过调整或超越自身对角色的认知而发起或参与的互动活动。组织成员通过调整或超越自身对角色的认知，从而形成了多元化的人际互动方式。这些人际互动可能受对人不对事的"情礼因素"影响，也可能受对事不对人的"义理因素"规范；组织成员实施互动的动机不具备明确的工具导向。因此，本书首先从对角色的界定和感知、人际互动的形式和动机视角厘清了角色外人际互动的概念内涵与结构维度。在此基础上，研究人员通过经典扎根理论编码分别形成了基于"关系和角色认同""活动和体验""情绪情感建立和心流"特征的归属型互动、休闲型互动和情感型互动三个维度。其中，归属型互动呈现出组织个体关心稳定、持久、和谐的关系建立与维持的特点；休闲型互动体现出个体关注自身兴趣以及在工作之外时间与同事进行消遣性互动的特点；情感型互动体现了个体能感知心境和情绪对自身工作或生活带来的积极或消极的影响，也能推己及人理解组织中其他成员处在情感中的情绪高涨或低落，并进而产生基于理解和关怀的共情、自身负面情感表达或趣事分享的社会功能特点。研究人员证实了角色外人际互动与非正式互动之间"任务（或角色内）导向"的本质区别，如基于员工个人行为的信息交流等。因此，研究人员首先从对角色的界定和感知、人际互动的形式和动机视角厘清了角色外人际互动的概念内涵与结构维度，为后续角色外人际互动研究提供了理论基础。

第二，从解释作用机制方面，识别了角色外人际互动的积极作用及作用路径的特点。访谈资料显示，角色外人际互动能够给人带来积极的情绪体验，如"但那种过程其实是很愉快的""这样会使得身心更加放松""对我自己的作用就是我每天工作都非常快乐，我也很感恩在工作之中遇到这么多这么好的同事""这让工作环境更加愉快和融洽""给予了我更多的动力和幸福感"等。此外，角色外人际互动还能给人带来明显的被认可与接纳的感知，如"让我感到被重视和被理解""工作的氛围觉得好了，归属感变强了""因为在公司里面我们可以和一帮非常正能量，以及有才华的人一起工作、一起学习""让我感觉心里非常温暖，感觉了这个集体被我融入了""我会觉得很安慰，因为我们不只是同事领导关系，我们还是朋友，能够分享快乐与忧伤的好朋友"等。此外，受访者还普遍反映角色外人际互动能够有效促进工作胜任感和热情、人际协作与关系等，如"能够激发彼此的潜力，增强自信心和动力""感觉自己又有了更多的热情去对待这份工作，感觉自己心中所坚持，所向往的东西好像更加地具体化或者变得更多了""也可以建立更加紧密的团队关系，增强工作的合作效果""沟通起来也十分方便，所以我们互动越多对我的工作方面越有帮助，还能提高我的工作效率""下一次说话他态度可能就会好一些""没有之前那么拘束的感觉，大家就比较放得开"等。这些都为进一步开展角色外人际互动对工作绩效的积极效果和不同路径研究提供了理论模型构建的基础。

第三，在质性研究和实证研究的基础上开发并检验了角色外人际互动量表。研究人员认为，角色外人际互动与相关的概念如社会互动（social interaction）、非正式社会联结（informal socializing ties）、人际关系网（networking）、非正式互动（informal interaction）和职场友谊（workplace friendship）等在界定上有逻辑上的差异，从概念所反映的具体内容来看，又与工间微休息（micro‐break）、共情（empathy）、休闲重塑（leisure crafting）等有关联。因此，研究人员并未采用相关概念的量表进行修订，而是基于研究聚焦点"角色"和深度访谈资料进行的编码分析、维度提炼和题项开发。基于此，研究人员遵循经典扎根理论方法，遵照概念界定、维度识别、量表构建、量表净化和量表检验等步骤，采用质化与量化研究相结合的方法，对角色外人际互动的量表进行开发与验证，编制了3维度12个测量条目组成的角色外人际互动正式量表，为后续开展中国组织情境下角色外人际互动对工作绩效的作用机制研究奠定了核心变量的测量基础。

（2）从情感和认知双路径探讨了角色外人际互动对工作绩效的链式中介作用，证实了在中国组织情境下角色外人际互动体现为以和谐关系文化为背景的人际互动模式及其作用机制。

第一，探索与证实了中国组织情境下角色外人际互动的积极作用，回应了对角色外人际互动的正向认识的需要。研究人员首先验证了角色外人际互动及不同维度对角色内绩效和人际公民行为的直接促进结果。其中，休闲型互动是一种活动导向的互动，主要围绕组织成员个体本身的兴趣、体验和关注点，虽然不是一种工具性、功利性的互动，但其因为通过自发组织或参加消遣活动等建立联系或增进人际了解，在无形中化解工作误解或矛盾，进而促进了个体角色内绩效表现和人际公民行为；情感型互动是一种情感导向的互动，是组织个体或群体围绕情绪分享与释放、情感表达与建立等方面的行动表现，不仅关注个人的情绪情感，也关心同事的情绪情感，这能够直接增强正向情感或削弱负向情感对个体带来的影响，在和谐氛围中提升工作绩效。

第二，引入积极情绪和社会接纳作为分别情感和认知路径的核心解释路径，明确了在认知情感系统理论下角色外人际互动的复杂作用路径。在情感路径上，研究人员综合采用情感事件理论"事件—情感反应—态度—行为"的解释框架，并扩展认知情感系统理论的解释逻辑，建立了"角色外人际互动—积极情绪—工作激情—工作绩效"的作用路径，验证了"角色外人际互动—积极情绪—和谐型/强迫型工作激情—人际公民行为"的链式中介作用。在认知路径上，研究人员以归属需求理论为基本框架，以社会接纳为归属感的认知表征，并扩展认知情感系统理论的解释逻辑，建立了"角色外人际互动—社会接纳—工作激情—工作绩效"的作用路径，并验证了"角色外人际互动—社会接纳—和谐型工作激情—角色内绩效/人际公民行为"的链式中介作用。这两条路径的构建与验证，进一步论证了在中国组织情境下，角色外人际互动在"互补"与"相似"两大观点之外的独特的作用路径和人际互动原则，以及在本土文化背景下人际互动更强调人际关系的长期、稳定与和谐的规范。

第三，分别探讨和证实了和谐型工作激情与强迫型工作激情的不同路径的综合倾向作用，丰富了工作激情对工作绩效的研究结果。研究人员在情感路径上验证了和谐型工作激情与强迫型工作激情分别对人际公民行为的促进作用，并表明角色外人际互动更加促进了关系导向的角色外绩效（人际公民行为）及其相对的情感价值性。同时，在认知路径上验证了和谐型工作激情对角色内绩效和人际公民行为的促进作用，从意义价值和主动内化层面表明了角色外人际互动除了能够促进对本职工作的意义感知，还会增加组织中利他的因素。这两条差异化的综合倾向作用不仅丰富了工作激情的相关研究，还为拓展不同路径的作用效果与作用方向提供了新的思路。

（3）从自我认知和人际能力两方面进一步关注角色外人际互动对后续积极结果的不同干预作用，证实了关系型自我构念的替代调节和政治技能的强化调节作用，丰富与拓展了角色外人际互动作用路径的边界问题和机制研究。

第一，丰富了关系型自我构念的作用机制与效果研究，证实了关系型自我构念对角色外人际互动认知路径的替代调节作用。研究人员发现，作为一种侧重于关注关系的自我范式或特质，关系型自我构念的个体对角色外人际互动和社会接纳的关系有替代调节作用，即高关系型自我构念的个体可能会对在角色外人际互动后感知到的社会接纳更不敏感，因为角色外人际互动可能作为一种环境事件，但对有高关系需求的个体的新颖性、关键性等不足，而不能有效触发其对接纳的感知，也验证了认知情感系统理论关于"个体特质能够与情境特征产生交互影响并驱动个体在认知、情感和行为表现上产生差异"的观点。

第二，丰富了政治技能的作用机制与效果研究，证实了政治技能对角色外人际互动情绪路径的强化调节作用。研究发现，作为一种体现个人人际能力与人际风格的特征，政治技能水平高的个体对角色外人际互动和积极情绪的关系呈现出一种强化调节作用，即具有高政治技能水平的个体能够更好促进角色外人际互动带来的积极情绪的体验，因为政治技能的高低反映了人们善于理解和影响他人的能力，更容易采取彼此舒适的方式进行互动，并且这种互动所产生的正向的情绪感受可能是相互影响的，这与组织情境中的实际情况是相符合的。

（4）在分解与整合的基础上拓展了认知情感系统理论的研究路径。

认知情感系统理论认为，个体的认知和情感共同作用于个体对环境事件的反应，具体而言，当个体感受到一个情境特定的特征时，认知和情感的特征性模式就通过不同的网络被激活系统的中介单元被激活，并与一些情境特征发生连接。但认知情感系统理论的核心框架主要是"环境事件—情感反应/认知评价—行为选择"，虽然提出了行为选择可能是基于事件特征所激发的对不同情感或认知的促进，但并未揭示从认知和情感到行为选择的过程机制。研究人员认为，在这个路径中，还可能存在一种兼具认知和情感特点的"综合倾向"，这种综合倾向可能作为影响其后续行为选择的关键，即"环境事件—认知评估/情感反映—综合倾向—行为选择"。因为在组织中，无论是瞬时路径还是稳态路径，行为选择的不可逆性导致行动者必须要在足够的行为倾向的前提下才会实施。基于这样的推断，研究人员将"工作激情"作为这种兼具认知和情感属性的综合倾向加以构建与验证。进一步证实了工作激情是一个包含动机、情感和认知三种因素的综合构念。同时，为增强扩展研究路径的可解释性，研究人员从归属需求理论视角进一步论证了以"社会接纳"为中介的认知作用路径，从情感事件理论视角进一步论证了以"积极情绪"为中介的情感作用路径，从理论整合的视角拓展并验证了认知情感系统理论的研究路径。

## 6.3　实践启示

诚然，数字经济时代为组织管理不断提出新的挑战和要求，人工智能对部分工作职能的赋能也在持续升级，组织成员的工作方式、联结方式、互动方式等发生着巨大变化。在行业产业的迅速变革期，组织的高质量协同与创新需要成员的迅速响应和高效协同，与此同时，组织成员间的人际互动需求并未因信息技术的发展或工作方式的变化而减少，并且人际互动的过程、形式的结果可能是变革时期组织的关键需要。

（1）组织及其管理者应该更加正视与重视角色外人际互动的存在形式及其意义，深入理解角色外人际互动的价值。

尤其在中国组织情境下，文化价值观塑造着组织成员的思维模式和行为偏好，人们对人际互动的需要更加频繁与不可或缺。组织应通过培训和研讨，帮助员工和管理者认识到角色外人际互动对于团队合作、知识共享和工作绩效的积极影响，并鼓励员工分享他们在角色外互动中的经验和收获，以增强团队凝聚力和工作动力。此外，还应考虑营造支持性的组织文化，倡导开放、包容和信任的组织氛围，使员工感到在角色外进行人际互动是安全且有益的。通过举办团队建设活动和社交活动，促进员工之间的非正式交流和合作。

在组织中，复杂任务和创新任务的完成需要多种方式甚至时空并行的人际协作。协作的关键并非受技术限制，而是基于"职缘"关系的联系与联结的深度和广度。因为技术发展虽然在一定程度上提高了角色内工作的协作效率，协作质量的提升仍需要组织成员以某些方式的互动作为前提，所以，组织开始重视团建文化与氛围营造，比如组织节日庆典、季度聚餐、户外活动等。这些活动的显著特征是"有组织的活动"，不是由组织成员主动发起或参与的、自发性、非任务性活动。人们难以在这样的互动中真正展现自我或释放情绪，甚至对于一些职场新手而言，参与大型团建的意愿非常被动。为此，组织应该对这种角色外人际互动进行识别，要清晰地认识到归属型互动、休闲型互动和情感型互动这些看似不直接促进组织绩效的角色外人际互动的存在价值和意义，分别对不同类别的角色外人际互动的特点及其与组织期望进行匹配，通过制度建设、氛围营造、工作时间调整等，有意识地促进某些角色外人际互动，促进组织任务在高效完成的同时，凝聚组织人心。

（2）组织及其管理者还应重视角色外人际互动对组织成员积极工作结果的作用。

本书的质性研究访谈过程和实证研究结论均证实了，发生在组织成员或组织群体之间的角色外人际互动，其互动结果必然会促进彼此的认识和了解，这种了解包括个人的、个人所处群体或环境的、个人所负责工作的等，并最终促进各种积极的工作结果，如在别人的建议下更好地完成了本职工作，或者在一起通勤或闲聊过程中顺便解决了某些工作中的困惑等，这些都能促进个体对产生更高的群体黏性和组织认同。为此，组织应该结合实际情况创造角色外人际互动的条件，思考如何抓住个体的情绪感知和社群性价值等方面的需求，创设高效而有温度的工作场景，如舒适的休息区、温馨的绿植等，营造出既有助于专注工作又有助于放松心情的工作环境。这样的环境能够激发员工的工作热情和创新精神，为交通不便的组织成员提供方便，有条件的组织还可以创设一定的健身运动空间等，这些都为组织成员角色外人际互动提供了更多可能。

组织管理者应该深入理解情绪感知与工作结果的关系，不定期开展情绪管理能力培训，帮助员工提升自我情绪认知和管理能力，同时增强他们对他人的情绪感知和理解能力，这将有助于形成更加和谐的工作氛围，提高员工的幸福感和工作满意度。此外，组织管理者还应建立有效的情绪调节机制，鼓励员工在面对工作压力时寻求支持和帮助。组织管理者应成为员工的情绪导师，及时倾听他们的困惑和烦恼，提供必要的指导和支持，通过举办各类团队建设活动，如户外拓展、节日庆祝等，增强员工之间的归属感和凝聚力。这些活动不仅能让员工在轻松愉快的氛围中放松身心，还能促进彼此之间的深入了解和信任。组织管理者还应利用现代科技手段，建立企业内部的社交网络平台或社群，鼓励员工在工作之余进行在线交流、分享生活点滴。这样的平台可以打破时间和空间的限制，让员工随时随地感受到组织的温暖和关怀。

（3）组织及其管理者还应重视和谐关系建立的本土文化特征。

在高流动性的现代组织情境背景下，组织管理者应强化制度设计和管理方式的优化，以增强工作团队的稳定性和优秀人才的保留率。数字化时代的不确定性在于高度互联和高度流通，这对组织生存和发展产生了重要影响。而组织的人才队伍作为其战略性资源，对组织变革和创新起基础性、重要性作用，如何加强组织核心队伍建设，对组织当下和未来都是至关重要的问题。为此，组织应该充分肯定与重视和谐关系建立的本土文化特征，在任务分配、绩效考核等管理中，建立重视合作、支持个人与团队共同实现卓越绩效的价值体系和工作方式，在体现个人贡献的同时更加强调团队与组织贡献，促进事业留人、情感留人。

组织管理者应该合理运用本土文化背景弘扬传统文化价值观。通过定期的文化活动、培训讲座等方式，弘扬中国传统的和谐、诚信、尊师重教等价值观，使员工在认同组织文化的同时，增强彼此间的信任和默契。引导员工在保持个性的同时，寻求最大公约数，实现团队和谐。营造和谐的工作氛围，倡导"和为贵"的工作理念。在组织内部推广"和为贵"的工作理念，鼓励员工在面对分歧和冲突时，首先寻求协商和调解，而非对抗和指责。这有助于维护组织的稳定性和凝聚力，建立有效的沟通机制，确保信息的畅通和透明，鼓励员工积极表达意见和看法，同时尊重他人的观点。这有助于消除误解和隔阂，增进彼此的理解和信任，培养和谐的团队关系，增强团队成员之间的默契和协作能力，帮助员工在轻松愉快的氛围中加深彼此的了解，增进友谊。同时，强化领导力培养，致力于培养具有中国特色的领导力，即强调领导者的道德品质、责任心和公正性。这样的领导者能够以身作则，树立榜样，引领团队走向和谐与发展。

## 6.4　研究局限与展望

本书具有重要的理论和实践意义，然而也存在一些局限。基于这些研究局限，本书提出了对应的研究展望或建议。

在角色外人际互动量表的验证上，虽然研究结果显示，正式量表表现出较好的信效度，并且也与相关相近的效标量表，如非正式互动、职场友谊等进行了比较检验，但员工自评的方式仍然可能会使变量的测量具有一定的主观偏差。因此，未来研究一方面可以采用多源数据或客观数据来对比分析，或进一步编制具有投射效应的实验情境测量工具等方式，以更好明确角色外人际互动存在的客观性和必要性。

在检验一个有调节的中介模型上，虽然本书在多时点上收集数据，减少了共同方法偏差的影响，但仍无法完全保证变量间因果关系的稳健性，同时，模型中仍有一些假设未得到验证。此外，本书采用的均为自评而非多源、互评等方式。自评方式在反映主观感知方面有较好的体现，但可能由于过于体现主观性，无法完全避免被测试者对某些隐私问题或敏感问题的自我防御，或者对于某些客观情况未能完全客观反映。因此，未来研究可在进一步简化模型设置的情况下，采用纵向追踪设计、情景实验或日志经验研究等方式，立体化探索与动态阐释角色外人际互动对工作绩效的不同路径和作用的关系，还可考虑对角色外人际互动进行互评或他评方式，或对其他工作表现进行多对象评价等方式，以确保研究具有更客观的数据来源。

本书主要在个体层面探讨了角色外人际互动通过其内部的认知与情感两个路径和对个体层面的某些工作绩效发挥作用，并采用理论整合的方式，拓展了认知情感系统理论的研究框架以解释该并行的链式路径。从研究内容上看，组织更关心的可能是这种互动是否以何种路径影响超越个体层面的某些绩效，如团队绩效或组织绩效等。由于研究设计和时间安排等考虑，本书尚未对团队或组织层面的绩效结果开展研究与论证，这是未来深入研究的一个重要而有意义的方向。同时，在理论构建层面，本书提出的"情境事件—认知评估/情感反应—综合倾向—行为选择"的理论路径的严谨性还有待进一步验证，后续研究可进一步探究该框架下的其他关系或作用机制及边界条件等，丰富与发展认知情感系统理论，并据此构建更适应中国组织管理实践需要的更有解释意义的本土管理理论。

# 参考文献

［1］安乐哲.儒家伦理学视域下的"人"论：由此开始甚善［J］.华东师范大学学报，2016，48（3）：145-158.

［2］蔡华俭.半个多世纪来中国人的心理与行为变化：心理学视野下的研究［J］.心理科学进展，2020，28（10）：1599-1618.

［3］曾碧琪，朱海燕，赵苏宁.社会接纳与社会排斥概念的内外空间隐喻［J］.心理技术与应用，2020，8（8）：490-495.

［4］陈朝阳，黄远玲，王鑫.国外关于关系型自我构念的研究进展［J］.宁波大学学报（人文科学版），2009，22（5）：117-120.

［5］陈晨，秦昕，谭玲，等.授权型领导：下属自我领导匹配对下属情绪衰竭和工作绩效的影响［J］.管理世界.2020，36（12）：145-162.

［6］陈思帆，郭永玉.受欢迎儿童的特点及研究方法［J］.心理科学进展，2004（6）：875-882.

［7］陈向明.质的研究方法与社会科学研究［M］.北京：教育科学出版社，2000.

［8］陈晓，谢彬，彭坚，等.职场孤独感的形成原因与作用机理：基于调节匹配理论视角［J］.心理科学进展，2022，30（7）：1463-1481.

［9］陈晓.排斥还是接纳：资质过剩感的人际理论模型研究［D］.武汉：华中科技大学，2018.

［10］陈晓萍，徐淑英，樊景立.组织与管理研究的实证方法［M］.北京：北京大学出版社，2012.

［11］陈亚硕.中国组织情境下道德权威的概念、测量及其前因后果研究［D］.秦皇岛：燕山大学，2022.

［12］程诚，吉春苗.人际互动与社会地位获得：基于析因调查实验的研究［J］.社会学评论，2022（5）：144-162.

［13］程红玲.组织内部的情绪劳动：物质回报和人际关系的影响

［J］.四川大学学报（哲学社会科学版），2019（5）：171-182.

［14］褚昊，黄宁宁.悖论式领导对员工工作绩效的影响：二元工作激情和角色认同的作用［J］.财经理论与实践，2020，41（6）：133-140.

［15］杜运周，孙宁.构建中国特色的管理学理论体系：必要性、可行性与思路［J］.管理学报，2022，19（6）：811-820，872.

［16］樊子立，马君.情感事件理论视角下个性化工作协议对员工主动化职业行为的影响［J］.软科学，2022，36（6）：85-92.

［17］方杰，温忠麟，邱皓政.纵向数据的中介效应分析［J］.心理科学，2021，44（4）：989-996.

［18］费孝通.乡土中国［M］.北京：人民出版社，2008：25-34.

［19］冯明，李聪.印象管理对主观职业生涯成功的影响：政治技能的调节作用［J］.华东经济管理，2011，25（2）：118-112.

［20］高昕，苏敬勤.VUCA时代本土管理情境特征的结构化演化研究［J］.管理工程学报，2024，38（2）：1-13.

［21］龚增良，汤超颖.情绪与创造力的关系［J］.人类工效学，2009，15（4）：62-65.

［22］古银华，苏勇，李海东.包容型领导、积极情绪与工作绩效的关系研究［J］.浙江工商大学学报，2017（4）：66-75.

［23］郭小艳，王振宏.积极情绪的概念、功能与意义［J］.心理科学进展，2007，15（5）：810-815.

［24］韩世辉，张逸凡.自我概念心理表征的文化神经科学研究［J］.心理科学进展，2012（5）：630-633.

［25］郝旭光，张嘉祺，雷卓群，等.平台型领导：多维度结构，测量与创新行为影响验证［J］.管理世界，2021，37（1）：186-199.

［26］胡恩华，张文林.人力资源管理实践和工会实践耦合对工作重塑的影响：基于认知-情感系统理论［J］.安徽大学学报（哲学社会科学版），2022（2）：136-147.

［27］黄丽，陈维政.两种人际取向对下属工作绩效的影响：以领导—成员交换质量为中介变量［J］.管理评论，2015，27（5）：178-187.

［28］黄丽，杨廷忠，季忠民.正性负性情绪量表的中国人群适用性研究［J］.中国心理卫生杂志，2003，17（1）：54-56.

［29］黄远玲，陈朝阳.中文版关系型自我构念量表的信效度分析

[J]. 科技创新导报, 2009 (24): 156-157.

[30] 黄岳陵, 刘善仕, 刘小浪. 关系认同研究进展和展望 [J]. 软科学, 2017, 31 (1): 95-100.

[31] 贾旭东, 谭新辉. 经典扎根理论及其精神对中国管理研究的现实价值 [J]. 管理学报, 2010, 7 (5): 656-665.

[32] 简予繁, 黄玉波. 人机互动: 替代还是增强了人际互动?: 角色理论视角下关于社交机器人的控制实验 [J]. 新闻大学, 2023 (4): 75-90, 122.

[33] 姜鹤, 叶华蓉, 张力伟, 等. 差序式领导对员工绩效的影响: 有调节的中介模型 [J]. 心理与行为研究, 2023, 21 (5): 705-711.

[34] 蓝海林, 张明, 宋铁波. "摸着石头过河": 动态与复杂环境下企业战略管理的新诠释 [J]. 管理学报, 2019, 16 (3): 317-324.

[35] 李斌, 张淑颖, 冯凯. 社会排斥对消费选择偏向的影响: 怀旧的调节作用及社会联结的中介作用 [J]. 心理科学, 2022, 45 (5): 1174-1181.

[36] 李博文. 特质积极共情对亲社会行为的影响: 情绪启动、观点采择的作用 [D]. 长沙: 湖南师范大学, 2020.

[37] 李刚, 夏梦瑶. 人力资源弹性实践对员工工作绩效的影响: 基于情感事件理论的视角 [J]. 首都经济贸易大学学报, 2023, 25 (3): 58-72.

[38] 李朋波. 职场负面八卦如何影响员工工作幸福感: 基于认知-情感系统理论 [J]. 当代财经, 2022 (8): 76-87.

[39] 李锡元, 夏艺熙. 悖论式领导对员工适应性绩效的双刃剑效应: 工作活力和角色压力的作用 [J]. 软科学. 2022, 36 (2): 104-109.

[40] 梁漱溟. 梁漱溟全集: 第1卷 [M]. 济南: 山东人民出版社, 1990.

[41] 林语堂. 中国人 [M]. 北京: 学林出版社, 1994.

[42] 林忠, 孙灵希. 企业员工政治技能的本土维度确认与测量 [J]. 财经问题研究, 2012 (11): 116-123.

[43] 刘东, 刘军. 事件系统理论原理及其在管理科研与实践中的应用分析 [J]. 管理学季刊, 2017, 2 (2): 64-80.

[44] 刘军, 宋继文, 吴隆增. 政治与关系视角的员工职业发展影响因

素探讨 [J]. 心理学报, 2008, 40 (2): 201-209.

[45] 刘军, 吴隆增, 林雨. 应对辱虐管理: 下属逢迎与政治技能的作用机制研究 [J]. 南开管理评论, 2009, 12 (2): 52-58.

[46] 刘灵, 韩迎春, 贺晓玲. 网络中积极道德情绪与利他行为: 道德提升感与特质性促进定向的作用 [J]. 心理与行为研究, 2023, 21 (5): 667-674.

[47] 柳恒超, 金盛华. 中国文化下组织政治技能的结构及问卷的编制 [J]. 应用心理学, 2008, 14 (3): 220-225.

[48] 柳恒超, 金盛华, 赵开强. 中国文化下组织政治技能对个体自身的影响作用 [J]. 心理学探新, 2012, 32 (1): 55-60.

[49] 路燕利. 企业员工的政治技能及其相关研究 [D]. 郑州: 河南大学, 2009.

[50] 吕晓艺, 白新文. 互惠感恩表达提升员工工作绩效 [J]. 浙江大学学报 (理学版), 2019, 46 (5): 641-650.

[51] 吕佼娇. 人际关系视角下资质过剩感与主动行为模型研究 [D]. 北京: 北京交通大学, 2022.

[52] 毛基业, 陈诚. 案例研究的理论构建: 艾森哈特的新洞见: 第十届 "中国企业管理案例与质性研究论坛 (2016) " 会议综述 [J]. 管理世界, 2017 (2): 135-141.

[53] 孟奕爽, 余妍希, 张文珠, 等. 发展性反馈对建言行为的影响: 认知情感系统视角 [J]. 科学与管理, 2023 (6): 1-13.

[54] 孟昭兰. 人类情绪 [M]. 上海: 上海人民出版社, 1989.

[55] 聂琦, 张捷. 家庭代际支持的溢出效应: 积极情感的中介作用与感恩特质的调节作用 [J]. 软科学, 2019, 33 (10): 70-75.

[56] 秦伟平, 赵曙明. 真我型领导与员工创造力: 基于工作激情的中介作用 [J]. 软科学, 2015, 29 (5): 82-86.

[57] 人瑞人才和德勤中国. 产业数字人才研究与发展报告 (2023) [M]. 北京: 社会科学文献出版社, 2023.

[58] 沈超红, 李永连, 程飞. 非正式互动对团队创新绩效影响的实证研究 [J]. 科研管理, 2021, 42 (2): 200-208.

[59] 沈毅. 人缘取向: 中庸之道的人际实践: 对中国人社会行为取向模式的再探讨 [J]. 南京大学学报 (哲学·人文科学·社会科学版), 2005

(5)：130-137.

[60] 宋亚辉，何莉，巩振兴，等. 工作激情影响员工创造性绩效的中介机制 [J]. 浙江大学学报（理学版），2015，42（6）：652-659，703.

[61] 苏敬勤，贾依帛. 我国工商管理案例研究现状、应用前景及情境化深度 [J]. 管理学报，2018，15（6）：791-802.

[62] 苏中兴. 中国情境下人力资源管理与企业绩效的中介机制研究：激励员工的角色外行为还是规范员工的角色内行为？ [J]. 管理评论，2010，22（8）：76-83.

[63] 孙惠君. 休闲与积极情绪的产生 [J]. 黑龙江教育学院学报，2008（8）：78-81.

[64] 汤超颖，艾树，龚增良. 积极情绪的社会功能及其对团队创造力的影响：隐性知识共享的中介作用 [J]. 南开管理评论，2011，14（4）：129-137.

[65] 汤丹丹，温忠麟. 共同方法偏差检验：问题与建议 [J]. 心理科学，2020，43（1）：215-223.

[66] 屠兴勇，赵紫薇，王泽英，等. 情绪智力如何驱动员工角色内绩效？中介作用的调节效应模型 [J]. 管理评论，2018，30（7）：173-182.

[67] 王海明. 利他主义新探 [J]. 齐鲁学刊，2004（5）：76-81.

[68] 王佳燕，蓝媛美，李超平. 二元工作压力与员工创新关系的元分析 [J]. 心理科学进展，2022，30（4）：761-780.

[69] 王侨，周小虎，李方圆. 情感事件理论视角下中层管理者角色超载对变革抵制的影响研究 [J]. 管理工程学报，2023，37（4）：30-39.

[70] 温忠麟，叶宝娟. 测验信度估计：从 α 系数到内部一致性信度 [J]. 心理学报，2011，43（7）：821-829.

[71] 温忠麟，张雷，侯杰泰，等. 中介效应检验程序及其应用 [J]. 心理学报，2004，36（5）：614-620.

[72] 吴明隆. 结构方程模型：AMOS 的操作与应用 [M]. 重庆：重庆大学出版社，2009.

[73] 吴士健，孙专专，刘新民，等. 家长式领导有助于员工利他行为吗？：基于中国情境的多重中介效应研究 [J]. 管理评论，2020，32（2）：205-217.

[74] 吴松，翁清雄，张越. 领导拒谏如何影响下属？基于情感事件理

论视角 [J]. 管理评论, 2023, 35 (2): 216-227.

[75] 吴伟炯, 冯镜铭, 林怿洵, 等. 通勤恢复活动对工作激情的动态影响及其机制 [J]. 心理科学进展, 2021, 29 (4): 610-624.

[76] 吴晓波, 余璐, 雷李楠. 超越追赶: 范式转变期的创新战略 [J]. 管理工程学报, 2020, 34 (1): 1-8.

[77] 肖金岑, 刘雪梅, 章璐璐, 等. 助人一定为乐吗? 知识性员工帮助行为对工作场所偏离的影响机制研究 [J]. 研究与发展管理, 2021, 33 (2): 109-121.

[78] 谢思祎. 穷大方: 金钱剥夺对利他行为的影响 [D]. 广州: 中山大学, 2020.

[79] 谢晓非, 王逸璐, 顾思义, 等. 利他仅仅利他吗: 进化视角的双路径模型 [J]. 心理科学进展, 2017, 25 (9): 1441-1455.

[80] 徐淑英, 张志学. 管理问题与理论建立: 开展中国本土管理研究的策略 [J]. 重庆大学学报: 社会科学版, 2011, 17 (4): 1-7.

[81] 许科, 于晓宇, 王明辉, 等. 工作激情对进谏行为的影响: 员工活力的中介与组织信任的调节 [J]. 工业工程与管理, 2013, 18 (5): 96-104.

[82] 许黎明, 赵曙明, 张敏. 二元工作激情中介作用下的辱虐管理对员工建言行为影响研究 [J]. 管理学报, 2018, 15 (10): 988-995.

[83] 薛亦伦, 张骁, 丁雪, 等. 高政治技能的员工如何规避工作场所排斥: 基于中国文化情境的研究 [J]. 管理世界, 2016 (7): 98-108, 188.

[84] 颜文杰, 程德俊. 关系型自我理论及其在组织中的应用 [J]. 人力资源管理评论, 2012 (00): 92-100.

[85] 杨国枢, 陆洛. 中国人的自我: 心理学的分析 [M]. 重庆: 重庆大学出版社, 2009.

[86] 杨君, 颜世富. 差序式领导、心理授权与员工主动性行为关系的实证研究 [J]. 上海管理科学, 2022, 44 (2): 103-108.

[87] 杨肖, 宋典, 夏楚凡. 战略人力资源管理对员工越轨创新行为影响研究: 基于认知: 情感系统的视角 [J]. 大众标准化, 2021 (20): 149-151.

[88] 于松梅, 杨丽珠. 米契尔认知情感的个性系统理论述评 [J]. 心

理科学进展，2003，11（2）：197-201.

［89］于维娜，李冬冬，李敏.职场不文明行为会被同伴揭发吗？基于认知：情感加工系统理论视角［J］.中国人力资源开发，2022，39（7）：72-87.

［90］袁庆宏，牛琬婕，陈琳.组织情境中关系认同的研究述评［J］.软科学，2017，31（8）：47-50.

［91］岳童，黄希庭，傅安国，等.特质积极共情：一种高利他性的人格品质［J］.心理科学，2021，44（3）：754-760.

［92］张立平，陈向明.质性研究的迷思与澄清［J］.中国远程教育，2024，44（2）：62-78.

［93］张军伟，张亚军，崔利刚，等.人力资源系统差异与员工工作绩效的关系研究［J］.管理评论，2022，34（4）：226-237.

［94］张敏，韩楠楠.外来务工人员子女的城市适应：社会认同与他人接纳感的影响：基于杭州市的调查与分析［J］.教育研究，2018，39（2）：147-153.

［95］张娜娜，蔡芸忆，张文松，等.非数字原生企业创新生态系统构建机制研究：来自海尔的启示［J］.科学学与科学技术管理，2023，44（9）：18-29.

［96］张学艳，周小虎，刘晶晶.中国文化情境下创业者政治技能的结构维度与量表开发［J］.科技进步与对策，2023，40（10）：151-160.

［97］张秀娟，申文果，陈健彬，等.顾客不公平交往行为对员工工作绩效的多层次影响［J］.南开管理评论，2008（3）：96-103.

［98］赵菊，佐斌."和而不同"：中西文化下人际互动和谐相容模型比较［J］.心理学探新，2011，31（6）：489-493.

［99］赵君，赵书松.发展式绩效考核对反生产行为的影响：探讨组织承诺和领导政治技能的作用［J］.软科学，2016，30（9）：66-70.

［100］赵延昇，於学松.员工正念与人际公民行为的关系研究：同事信任的中介作用及工作关联性的调节作用［J］.北京航空航天大学学报（社会科学版），2016，29（2）：83-90.

［101］周浩，龙立荣.恩威并施，以德服人：家长式领导研究述评［J］.心理科学进展，2005（2）：227-238.

［102］ADAMS G A，KING L A，KING D W. Relationships of job and

family involvement, family social support and work-family conflict with job and life satisfaction [J]. Journal of Applied Psychology, 1996, 81 (4): 411-420.

[103] AHEARN K K, FERRIS G R, HOCHWARTER W A, et al. Leader political skill and team performance [J]. Journal of management, 2004, 30 (3): 309-327.

[104] ALLEN J, JAMES A D, GAMLEN P. Formal versus informal knowledge networks in R&D: a case study using social network analysis [J]. R&d Management, 2007, 37 (3): 179-196.

[105] ALLEN T D, CHO E, MEIER L L. Work-Family Boundary Dynamics [J]. Annual Review of Organizational Psychology and Organizational Behavior, 2014 (1): 99-121.

[106] ALLEN T D, MERLO K, LAWRENCE R C, et al. Boundary Management and Work-Nonwork Balance While Working from Home [J]. Applied Psychology, 2021, 70 (1): 60-84.

[107] AMABILE T M, BARSADE S G, MUELLER J S, et al. Affect and creativity at work [J]. Administrative Science Quarterly, 2005 (50): 367-403.

[108] ANDERSEN S M, CHEN S. The relational self: an interpersonal social-cognitive theory [J]. Psychological review, 2002, 109 (4): 619-645.

[109] APPAU S, CHURCHILL S A, FARRELL L. Social integration and subjective wellbeing [J]. Applied Economics, 2019, 51 (16): 1748-1761.

[110] ARIELY D, BRACHA A, MEIER S. Doing good or doing well? Image motivation and monetary incentives in behaving prosocially [J]. American economic review, 2009, 99 (1): 544-555.

[111] ASHFORTH B E, KREINER G E, FUGATE M. All in a day's work: Boundaries and micro role transitions [J]. Academy of Management Review, 2000, 25 (3): 472-491.

[112] ASHFORTH B E. Climate formation: issues and extensions [J]. Academy of Management Review, 1985 (10): 837-847.

[113] ASHFORD S J, BLACK J S. Proactivity during organizational en-

try: the role of desire for control [J]. Journal of Applied psychology, 1996, 81 (2): 199.

[114] ASTAKHOVA M N, PORTER G. Understanding the work passion-performance relationship: The mediating role of organizational identification and moderating role of fit at work [J]. Human relations, 2015, 68 (8): 1315–1346.

[115] AVEY J B, WERNSING T S, MHATRE K H. A longitudinal analysis of positive psychological constructs and emotions on stress, anxiety, and well-being [J]. Journal of Leadership & Organizational Studies, 2011, 18 (2): 216–228.

[116] BAKER L R, MCNULTY J K. When low self-esteem encourages behaviors that risk rejection to increase interdependence: the role of relational self-construal [J]. Journal of Personality and Social Psychology, 2013, 104 (6): 995–1018.

[117] BANGHART S, ETTER M, STOHL C. Organizational boundary regulation through social media policies [J]. Management Communication Quarterly, 2018, 32 (3): 337–373.

[118] BARKSDAL K, WERNER J M. Managerial ratings of in-role behaviors, organizational citizenship behaviors and overall performance: testing different models of their relationship [J]. Journal of Business Research, 2001, 51 (2): 145–155.

[119] BARKSDALE K, WERNER J M. Managerial ratings of in-role behaviors, organizational citizenship behaviors, and overall performance: testing different models of their relationship [J]. Journal of Business Research, 2001, 51 (2): 145–155.

[120] BARON R M, KENNY D A. The moderator-mediator variable distinction in social psychological research: conceptual, strategic and statistical considerations [J]. Journal of Personality and Social Psychology, 1986, 51 (6): 1173–1182.

[121] BAESADE S G, GIBSON D E. Why does affect matter in organizations? [J]. Academy of Management Perspectives, 2007, 21 (1): 36–59.

[122] BAUMEISTER R F, VOHS K D, NATHAN D C, et al. How emo-

tion shapes behavior: feedback, anticipation and reflection, rather than direct causation [J]. Personality and social psychology review, 2007, 11 (2): 167-203.

[123] BATSON C D, KLEIN T R, HIGHBERGER L, et al. Immorality from empathy-induced altruism: When compassion and justice conflict [J]. Journal of personality and social psychology, 1995, 68 (6): 1042-1054.

[124] BAUMEISTER R F, LEARY M R. The need to belong: desire for interpersonal attachments as a fundamental human motivation [J]. Psychological Bulletin, 1995, 117 (3): 497-529.

[125] BEFORT N, HATTRUP K. Valuing task and contextual performance: experience, job roles, and ratings of the importance of job behaviors [J]. Applied HRM Research, 2003, 8 (1): 17-32.

[126] BERG J M, GRANT A M, JOHNSON V. When callings are calling: crafting work and leisure in pursuit of unanswered occupational callings [J]. Organization science, 2010, 21 (5): 973-994.

[127] BIDDLE B J. Recent developments in role theory [J]. Annual Reviews of Socialogy, 1986 (12): 67-92.

[128] BLASS F R, FERRIS G R. Leader reputation: the role of mentoring, political skill, contextual learning and adaptation [J]. Human Resource Management, 2007, 46 (1): 5-19.

[129] BLAKELY G L, SRIVASTAVA A, MOORMAN R H. The effects of nationality work role centrality and work locus of control on role definitions of OCB [J]. Journal of Leadership & Organizational Studies, 2005, 12 (1): 103-117.

[130] BLICKLE G, ERRIS G R, MUNYON T P, et al. A multi-source, multi-study investigation of job performance prediction by political skill [J]. Applied Psychology, 2011, 60 (3): 449-474.

[131] BORMAN W C, MOTOWIDLO S J. Task performance and contextual performance: the meaning for personnel selection research [J]. Human Performance, 1997, 10 (2): 99-109.

[132] BORROTT N, DAY G E, LEVETT J T, et al. Nursing students belongingness and workplace satisfaction: quantitative findings of a mixed meth-

ods study [J]. Nurse Education Today, 2016 (45): 29-34.

[133] BRASS D J, BURKHARDT M E. Potential power and power use: an investigation of structure and behavior [J]. Academy of Management Journal, 1993, 36 (3): 441-470.

[134] BRINDLEY T A. Socio-psychological values in the republic of China (I) [J]. Asian Thought and Society, 1989, 14 (41-42): 98-115.

[135] BUI H T M, LIU G, KO W W, et al. Harmonious workplace climate and employee altruistic behavior: from social exchange perspective [J]. International Journal of Manpower, 2021, 42 (1): 95-112.

[136] BURKE R J, ASTAKHOVA M N, ANG H. Work passion through the lens of culture: harmonious work passion, obsessive work passion and work outcomes in Russia and China [J]. Journal of Business and Psychology, 2015 (30): 457-471.

[137] BULGER C A, MATTHEWS R A, HOFFMAN M E. Work and personal life boundary management: boundary strength, work/personal life balance and the segmentation-integration continuum [J]. Journal of Occupational Health Psychology, 2007, 12 (4), 365-375.

# 附　录

## 附录 A　角色外人际互动访谈提纲

访谈编号：_____

**第一部分：受访者基本信息**

1. 您的性别：
2. 您的年龄：
3. 您的最高受教育水平：
4. 您参加组织工作的时间：
5. 您所在的组织类型：

**第二部分：角色外人际互动内涵及结构维度探索**

1. 在工作场所，您通常采用哪些方式与同事或领导进行互动？请举 1~2 个例子，介绍您和同事（或领导）之间自发的人际互动行为。

2. 除了刚才举的例子，您还认为，哪些可以算得上是工作要求之外的人际互动，请您尽可能把想到的都说出来/写下来，最好能够对其中您感兴趣的 1~2 个做一些阐释。

3. 您是如何看待与同事（领导）之间，并非工作要求使然，但还是存在人际互动的现象？

4. 您觉得在什么情况下，您会参与到这样的人际互动中？

5. 在与同事（领导）进行支持性互动后，比如表达关心、解决困难、交流信息等，您感觉如何？为什么会有这样的感觉？

6. 您认为，与同事（领导）进行任务之外的互动，对您的工作状态或工作感受有什么积极的影响？

7. 您认为，与同事（领导）的互动越多，对自己哪些方面的工作越有促进作用？

## 附录B　角色外人际互动测量量表

角色外人际互动量表（预测试）见表 B.1。角色外人际互动量表（正式量表）见表 B.2。

表 B.1　角色外人际互动量表（预测试）

| 维度 | 序号 | 题项 |
|---|---|---|
| 归属型互动 | Q1 | 我和同事会组织一些增进友谊的社交活动 |
| | Q2 | 我和同事会组织一些共同爱好的活动 |
| | Q3 | 我和同事会组织、参加一些放松身心的户外活动 |
| | Q4 | 如果时间允许，我和同事会相约参加一些志愿者活动 |
| | Q5 | 我和同事会分享一些趣事或感受 |
| | Q6 | 我和同事会通过聊天来增加对彼此的了解 |
| 休闲型互动 | Q7 | 工作之余，我和同事因为共同的兴趣爱好建立联系 |
| | Q8 | 工作之余，我和同事进行一些休闲消遣的活动 |
| | Q9 | 工作之余，我和同事会参加一些休闲娱乐的活动 |
| | Q10 | 工作之余，我和同事会组建一些兴趣小组 |
| | Q11 | 工作之余，我和同事会组织一些小型家庭聚会 |
| | Q12 | 我和同事会就共同关心的话题或爱好进行聊天 |
| 情感型互动 | Q13 | 我和同事会通过聚餐来增进感情 |
| | Q14 | 在重要节日或生日，我和同事会相互问候、送上祝福 |
| | Q15 | 我和同事会因为共同关心的话题建立联系 |
| | Q16 | 有需要的时候，我和同事会彼此表达关心 |
| | Q17 | 当工作取得出色的成就或取得重要进展时，我和同事会相互庆祝 |
| | Q18 | 当不顺利或心情不好的时候，我和同事会一起吐槽 |
| | Q19 | 我和同事会就生活中遇到的问题进行交流，寻求彼此的建议 |

表 B.2　角色外人际互动量表（正式量表）

| 维度 | 编号 | 问卷条目 |
|---|---|---|
| 归属型互动 | ERI-1 | 我和同事会组织一些增进友谊的社交活动 |
| | ERI-2 | 我和同事会组织一些共同爱好的活动 |
| | ERI-3 | 我和同事会组织参加一些放松身心的户外活动 |
| | ERI-4 | 如果时间允许，我和同事会相约参加一些志愿者活动 |
| 休闲型互动 | ERI-5 | 工作之余，我和同事会因为共同的兴趣爱好建立联系 |
| | ERI-6 | 工作之余，我和同事会进行一些休闲消遣的活动 |
| | ERI-7 | 工作之余，我和同事会参加一些休闲娱乐的活动 |
| | ERI-8 | 工作之余，我和同事会组建一些兴趣小组 |
| | ERI-9 | 工作之余，我和同事会组织一些小型家庭聚会 |
| 情感型互动 | ERI-10 | 我和同事会通过聚餐来增进感情 |
| | ERI-11 | 在重要节日或生日，我和同事会相互问候、送上祝福 |
| | ERI-12 | 我和同事会因为共同关心的话题建立联系 |

# 附录C　角色外人际互动与工作绩效调查问卷
## （第一阶段）

尊敬的女士/先生：

　　我们正在展开一项角色外人际互动与工作绩效的关系研究。本问卷由两部分构成：①个人基本信息；②角色外人际互动、关系型自我构念和政治技能。问卷资料仅作为学术用途，且采用匿名制，请您放心作答。我们承诺对于您填写的信息给予保密，并承诺不涉及与您所在单位之间的任何利害关系。在填答时，请注意以下事项：

　　1. 答案没有对错之分，您的第一印象通常是最准确的，所以希望您在答题之前认真阅读各部分的"指导语"及题目，按照实际情况，如实回答。

　　2. 每个问题只选一个答案，请在您认为正确的或最接近的选项或数字上打"√"。

　　3. 请您务必回答每个问题。为了保证资料的真实与完整性，请您多花一分钟时间，检查所填问卷，避免错填、漏填。

**衷心感谢您的热心支持！**

**角色外人际互动与工作绩效正式问卷**

问卷编号：＿＿＿＿＿＿＿

第一部分　个人基本信息

　　指导语：以下是对您个人基本信息的采集，请填答或勾选最符合你自身实际情况的选项。

　　1. 您的性别：①男　②女

　　2. 您的年龄：＿＿＿＿＿＿＿岁

　　3. 您的最高受教育水平：

　　①专科及以下　②本科　③硕士研究生及以上

　　4. 您参加工作的时间：

　　①3年及以下　②3~5年　③6~10年　④11~15年　⑤16年及以上

5. 您所在的组织类型：

①政府部门 ②事业单位 ③国有企业 ④私营企业 ⑤其他类型组织

第二部分　主要内容

下面是对您与同事的一些交往或行为描述（见表 C.1），请在最符合您实际情况的数字上打"√"。

表 C.1　交往或行为描述

| 序号 | 题项 | 完全不符合 | 比较不符合 | 一般 | 符合 | 完全符合 |
|---|---|---|---|---|---|---|
| ERI-1 | 我和同事会组织一些增进友谊的社交活动 | 1 | 2 | 3 | 4 | 5 |
| ERI-2 | 我和同事会组织一些共同爱好的活动 | 1 | 2 | 3 | 4 | 5 |
| ERI-3 | 我和同事会组织、参加一些放松身心的户外活动 | 1 | 2 | 3 | 4 | 5 |
| ERI-4 | 如果时间允许，我和同事会相约参加一些志愿者活动 | 1 | 2 | 3 | 4 | 5 |
| ERI-5 | 工作之余，我和同事因为共同的兴趣爱好建立联系 | 1 | 2 | 3 | 4 | 5 |
| ERI-6 | 工作之余，我和同事进行一些休闲消遣的活动 | 1 | 2 | 3 | 4 | 5 |
| ERI-7 | 工作之余，我和同事会参加一些休闲娱乐的活动 | 1 | 2 | 3 | 4 | 5 |
| ERI-8 | 工作之余，我和同事会组建一些兴趣小组 | 1 | 2 | 3 | 4 | 5 |
| ERI-9 | 工作之余，我和同事会组织一些小型家庭聚会 | 1 | 2 | 3 | 4 | 5 |
| ERI-10 | 我和同事会通过聚餐来增进感情 | 1 | 2 | 3 | 4 | 5 |
| ERI-11 | 在重要节日或生日，我和同事会相互问候、送上祝福 | 1 | 2 | 3 | 4 | 5 |
| ERI-12 | 我和同事会因为共同关心的话题建立联系 | 1 | 2 | 3 | 4 | 5 |

下面是对您与自我认识的描述（见表 C.2），请在最符合您实际情况的数字上打"√"。

表 C.2 自我认识的描述

| 序号 | 题项 | 完全不符合 | 比较不符合 | 一般 | 符合 | 完全符合 |
|---|---|---|---|---|---|---|
| RISC-1 | 我认为与谁保持密切关系是对我个人的重要反映 | 1 | 2 | 3 | 4 | 5 |
| RISC-2 | 当和某个人关系非常密切时，我常常会觉得那个人也是我的重要组成部分 | 1 | 2 | 3 | 4 | 5 |
| RISC-3 | 当和我关系密切的朋友取得重要成就时，我会经常感到强烈的自豪 | 1 | 2 | 3 | 4 | 5 |
| RISC-4 | 我认为，通过观察了解与我关系密切的朋友，就能发现我是什么样的人 | 1 | 2 | 3 | 4 | 5 |
| RISC-5 | 当想到我自己时，我也经常会想到与我关系亲密的朋友或家人 | 1 | 2 | 3 | 4 | 5 |
| RISC-6 | 如果与我关系密切的人受到伤害，我也会有受伤的感觉 | 1 | 2 | 3 | 4 | 5 |
| RISC-7 | 我非常看重与人的密切联系，并把它视为个人形象的重要组成部分 | 1 | 2 | 3 | 4 | 5 |
| RISC-8 | 总体来说，谁与我关系密切对我定位自己几乎没有影响 | 1 | 2 | 3 | 4 | 5 |
| RISC-9 | 我感觉谁与我关系密切都不重要 | 1 | 2 | 3 | 4 | 5 |
| RISC-10 | 当想到那些与我关系密切的朋友时，我就会产生自豪感 | 1 | 2 | 3 | 4 | 5 |
| RISC-11 | 当我与某人建立深厚的友谊时，我通常会对那个人产生强烈的认同感 | 1 | 2 | 3 | 4 | 5 |

下面是对您个人人际能力的描述（见表 C.3），请在最符合您实际情况的数字上打"√"。

表 C.3　个人人际能力的描述

| 序号 | 题项 | 完全不符合 | 比较不符合 | 一般 | 符合 | 完全符合 |
|------|------|-----------|-----------|------|------|---------|
| PS-1 | 我很容易和大多数人建立良好的关系 | 1 | 2 | 3 | 4 | 5 |
| PS-2 | 我能够让大多数人在我身边感到舒适和自在 | 1 | 2 | 3 | 4 | 5 |
| PS-3 | 我善于让别人对我做出积极的反应 | 1 | 2 | 3 | 4 | 5 |
| PS-4 | 我通常试图找到与他人的共同点 | 1 | 2 | 3 | 4 | 5 |
| PS-5 | 我发现想象自己处于别人的位置很容易 | 1 | 2 | 3 | 4 | 5 |
| PS-6 | 我认为自己很了解别人 | 1 | 2 | 3 | 4 | 5 |

**本次问卷到此结束，谢谢您的参与！**

# 附录 D　角色外人际互动与工作绩效调查问卷 （第二阶段）

尊敬的女士/先生:

　　我们正在展开一项角色外人际互动与工作绩效的关系研究。本问卷由两部分构成:①个人基本信息;②积极情绪、社会接纳和工作激情。问卷资料仅作为学术用途,且采用匿名制,请您放心作答。我们承诺对于您填写的信息给予保密,并承诺不涉及与您所在单位之间的任何利害关系。在填答时,请注意以下事项:

　　1. 答案没有对错之分,您的第一印象通常是最准确的,所以希望您在答题之前认真阅读各部分的"指导语"及题目,按照实际情况,如实回答。

　　2. 每个问题只选一个答案,请在您认为正确的或最接近的选项或数字上打"√"。

　　3. 请您务必回答每个问题。为了保证资料的真实与完整性,请您多花一分钟时间,检查所填问卷,避免错填、漏填。

**衷心感谢您的热心支持!**

**角色外人际互动与工作绩效正式问卷**

问卷编号:＿＿＿＿＿＿＿＿

第一部分　个人基本信息

　　指导语:以下是对您个人基本信息的采集,请填答或勾选最符合你自身实际情况的选项。

　　1. 您的性别:①男 ②女

　　2. 您的年龄:＿＿＿＿＿＿＿岁

　　3. 您的最高受教育水平:

　　①专科及以下　②本科　③硕士研究生及以上

　　4. 您参加组织工作的时间:

　　①3 年及以下 ②3~5 年 ③6~10 年 ④11~15 年 ⑤16 年及以上

5. 您所在组织类型：
①政府部门 ②事业单位 ③国有企业 ④私营企业 ⑤其他类型组织

第二部分 主要内容

在与领导/同事有过互动后的一周时间里，您在多大程度上体验到了以下所描述的情绪状态（见表 D.1），请在最符合您实际情况的数字上打"√"。

表 D.1 情绪状态

| 序号 | 题项 | 完全不符合 | 比较不符合 | 一般 | 符合 | 完全符合 |
|------|------|------------|------------|------|------|----------|
| PA-1 | 活跃的 | 1 | 2 | 3 | 4 | 5 |
| PA-2 | 充满热情的 | 1 | 2 | 3 | 4 | 5 |
| PA-3 | 快乐的 | 1 | 2 | 3 | 4 | 5 |
| PA-4 | 兴高采烈的 | 1 | 2 | 3 | 4 | 5 |
| PA-5 | 欣喜的 | 1 | 2 | 3 | 4 | 5 |
| PA-6 | 兴奋的 | 1 | 2 | 3 | 4 | 5 |
| PA-7 | 精力充沛的 | 1 | 2 | 3 | 4 | 5 |
| PA-8 | 感激的 | 1 | 2 | 3 | 4 | 5 |

下面是对您对自己对所在工作氛围的感知（见表 D.2），请在最符合您实际情况的数字上打"√"。

表 D.2 对所在工作氛围的感知

| 序号 | 题项 | 完全不符合 | 比较不符合 | 一般 | 符合 | 完全符合 |
|------|------|------------|------------|------|------|----------|
| SA-1 | 我的同事是接纳我的 | 1 | 2 | 3 | 4 | 5 |
| SA-2 | 我与同事关系密切 | 1 | 2 | 3 | 4 | 5 |
| SA-3 | 在工作中我有归属感 | 1 | 2 | 3 | 4 | 5 |
| SA-4 | 我在同事面前有社交存在感 | 1 | 2 | 3 | 4 | 5 |
| SA-5 | 我感觉到与他人是有连接的 | 1 | 2 | 3 | 4 | 5 |
| SA-6 | 我感到在工作中是被包容和重视的 | 1 | 2 | 3 | 4 | 5 |

下面是对您对自己近期工作状态的感知（见表 D.3），请在最符合您实际情况的数字上打"√"。

表 D.3　近期工作状态的感知

| 序号 | 题项 | 完全不符合 | 比较不符合 | 一般 | 符合 | 完全符合 |
|---|---|---|---|---|---|---|
| HP-1 | 这项工作让我具有了各种各样丰富的体验 | 1 | 2 | 3 | 4 | 5 |
| HP-2 | 我在工作中发现的新事物使我更加喜欢这份工作了 | 1 | 2 | 3 | 4 | 5 |
| HP-3 | 这份工作带给我难忘的经历 | 1 | 2 | 3 | 4 | 5 |
| HP-4 | 我的个人优势在这份工作中得到体现 | 1 | 2 | 3 | 4 | 5 |
| HP-5 | 这份工作与我生活中其他活动是相协调的 | 1 | 2 | 3 | 4 | 5 |
| HP-6 | 尽管我对工作有激情，但我仍能控制得当 | 1 | 2 | 3 | 4 | 5 |
| HP-7 | 我完全被自己目前的工作吸引住了 | 1 | 2 | 3 | 4 | 5 |
| OP-1 | 我不得不做这份工作 | 1 | 2 | 3 | 4 | 5 |
| OP-2 | 没有这份工作我可能不能生活 | 1 | 2 | 3 | 4 | 5 |
| OP-3 | 很难想象没有这份工作我的生活是怎样的 | 1 | 2 | 3 | 4 | 5 |
| OP-4 | 我在情感上非常依赖这份工作 | 1 | 2 | 3 | 4 | 5 |
| OP-5 | 我很难控制自己对这份工作的需要 | 1 | 2 | 3 | 4 | 5 |
| OP-6 | 我的心情取决于自己能否做好这项工作 | 1 | 2 | 3 | 4 | 5 |
| OP-7 | 我对这份工作有一种被强迫的感觉 | 1 | 2 | 3 | 4 | 5 |

**本次问卷到此结束，谢谢您的参与！**

# 附录E　角色外人际互动与工作绩效调查问卷
## 　　　　　（第三阶段）

尊敬的女士/先生：

我们正在展开一项角色外人际互动与工作绩效的关系研究。本问卷由两部分构成：①个人基本信息；②角色内绩效和人际公民行为。问卷资料仅作为学术用途，且采用匿名制，请您放心作答。我们承诺对于您填写的信息给予保密，并承诺不涉及与您所在单位之间的任何利害关系。在填答时，请注意以下事项：

1. 答案没有对错之分，您的第一印象通常是最准确的，所以希望您在答题之前认真阅读各部分的"指导语"及题目，按照实际情况，如实回答。

2. 每个问题只选一个答案，请在您认为正确的或最接近的选项或数字上打"√"。

3. 请您务必回答每个问题。为了保证资料的真实与完整性，请您多花一分钟时间，检查所填问卷以避免错填、漏填。

衷心感谢您的热心支持！

### 角色外人际互动与工作绩效正式问卷

问卷编号：＿＿＿＿＿＿

第一部分　个人基本信息

指导语：以下是对您个人基本信息的采集，请填答或勾选最符合你自身实际情况的选项。

1. 您的性别：①男　②女

2. 您的年龄：＿＿＿＿＿＿岁

3. 您的最高受教育水平：

①专科及以下　②本科　③硕士研究生及以上

4. 您参加组织工作的时间：

①3年及以下　②3~5年　③6~10年　④11~15年　⑤16年及以上

5. 您所在组织类型：

①政府部门 ②事业单位 ③国有企业 ④私营企业 ⑤其他类型组织

第二部分　主要内容

下面是对您对自己近期工作行为及结果的描述见表 E.1，请在最符合您实际情况的数字上打"√"。

表 E.1　近期工作行为及结果

| 序号 | 题项 | 完全不符合 | 比较不符合 | 一般 | 符合 | 完全符合 |
|---|---|---|---|---|---|---|
| IRP-1 | 我能充分完成组织指定的工作任务 | 1 | 2 | 3 | 4 | 5 |
| IRP-2 | 我能履行工作描述中明确指定的责任 | 1 | 2 | 3 | 4 | 5 |
| IRP-3 | 我能完成被期望的任务 | 1 | 2 | 3 | 4 | 5 |
| IRP-4 | 我能做到工作要求的行为表现 | 1 | 2 | 3 | 4 | 5 |
| IRP-5 | 我能参与直接对工作绩效产生影响的活动 | 1 | 2 | 3 | 4 | 5 |
| IRP-6 | 我会忽视自己应该按质按量完成的本职工作 | 1 | 2 | 3 | 4 | 5 |
| IRP-7 | 我与同事关系密切 | 1 | 2 | 3 | 4 | 5 |
| ICB-1 | 我会帮助因事没在岗位上的同事 | 1 | 2 | 3 | 4 | 5 |
| ICB-2 | 我会帮助一些工作繁重的同事 | 1 | 2 | 3 | 4 | 5 |
| ICB-3 | 即便领导没有提出要求，我也会协助他/她完成一些工作 | 1 | 2 | 3 | 4 | 5 |
| ICB-4 | 我会花时间倾听同事的问题和担忧 | 1 | 2 | 3 | 4 | 5 |
| ICB-5 | 我会帮助新同事 | 1 | 2 | 3 | 4 | 5 |
| ICB-6 | 我乐于将信息传递给同事 | 1 | 2 | 3 | 4 | 5 |

**本次问卷到此结束，谢谢您的参与！**